생생히 다가오는 천국

Heaven Made Real

copyright ⓒ 1996 Dr. Tim Sheets
All right reserved.
Destiny Image Publisher, Inc
P.O. Box 310 Shippensburg, PA 17257-0310
All rights reserved.
Korean Translation Copyright ⓒ 2012 Tabernacle of David.

이 책의 한국어판 저작권은 다윗의장막미디어에 있습니다.
저작권법에 의해 한국에서 보호받는 저작물이므로 무단전재와 무단복제를 금합니다.

HEAVEN MADE REAL

생생히 다가오는 천국

팀 쉬츠 지음

다윗의장막

차례

"성경은 진실인가? 7

1장 이 땅에서 천국의 모델 9
2장 천국은 실제 장소이다 27
3장 천국의 위치 41
4장 우리의 영화된 몸 53
5장 당신의 실재의 모습 67
6장 하나님과 천사들의 모습 83
7장 영원한 것들 103
8장 구름같이 허다한 증인들 119
9장 아기들, 어린이들, 천국 133
10장 하나님의 도성 149
11장 새 예루살렘 더 살펴보기 165
12장 마지막 때가 시작되다 177
13장 새 땅에서의 삶 195
14장 상급, 그리고 예수계신 그 모습 그대로 보는 것 213

부록 천국 간증들 231

"성경은 진실인가?"

당신은 성경이 무엇을 증명하고 있음을 믿지 않을지 모른다.
그러나 생각해 보라.
하나님이 하나님이시라면, 위대하신 하나님께서 어떻게 해서든
우리에게 말씀하시지 않겠는가?
사람을 사용하시든, 아니면 심지어 당나귀라도 사용해서서 말이다.
만일 성경, 즉 하나님의 말씀이 아무 가치가 없고,
정말 살아 있지 않다면, 왜 성경의 존재에 대해서만도
대부분의 사람들이 강한 반응을 보이겠는가?
당신의 성향이 어떻든, 자신을 위해 이 책을 한 번 살펴보기 바란다.
인용된 성경 구절들의 흐름을 살펴보라.
그럴 때 하나님의 말씀이 당신에게 생생히 살아나며,
당신 내면의 깊은 곳에서 "하나님 감사합니다,
성경은 사실이에요!"라는 외침이 터져 나올 것이다.

사도 바울이 지상의 삶에 대해 이렇게 언급했다면 천국에는 뭔가 더 있는 것이 분명하다.

이는 내게…죽는 것도 유익함이라
그리스도와 함께 있는 것이 훨씬 더 좋은 일이라
(빌 1:21, 23)

그러나 대부분의 사람들은 천국을 일종의 '양로원'으로 생각한다. 그들은 천국을 이 세상의 삶에서 모든 좋은 것이 끝났을 때 가는 영예로운 은퇴자 마을 정도로 생각한다. 천국에서 하프를 뜯고 노래하겠지만, 그곳의 삶은 부와 화려함과 활력이 넘치는 이 세상에 비할 바가 못 된다고 생각한다.
그러나 그것은 전혀 사실이 아니다. 이제는 진실을 말할 때이다. 이제는 천국이 생생히 살아나야 할 때이다. 어떤 사람의 임사 체험이나 꿈으로가 아니라, 하나님의 말씀의 진리로 직접 천국을 생생히 알아볼 때이다!

더 좋은 곳

우리들 대부분은 성경에서 천국을 묘사하는 최고의 구절 중 하나를 놓치고 있다.

믿음으로 아브라함은 부르심을 받았을 때에 순종하여 장래의 유업으로 받을 땅에 나아갈새 갈 바를 알지 못하고 나아갔으며

믿음으로 그가 이방의 땅에 있는 것 같이 약속의 땅에 거류하여 동일한 약속을 유업으로 함께 받은 이삭 및 야곱과 더불어 장막에 거하였으니

이는 그가 **하나님이 계획하시고 지으실 터가 있는 성**을 바랐음이라

믿음으로 사라 자신도 나이가 많아 단산하였으나 잉태할 수 있는 힘을 얻었으니 이는 약속하신 이를 미쁘신 줄 알았음이라

이러므로 죽은 자와 같은 한 사람으로 말미암아 하늘의 허다한 별과 또 해변의 무수한 모래와 같이 많은 후손이 생육하였느니라

이 사람들은 다 믿음을 따라 죽었으며 **약속을 받지 못하였으되 그것들을 멀리서 보고 환영하며 또 땅에서는 외국인과 나그네임을 증언하였으니**

그들이 이같이 말하는 것은 자기들이 본향 찾는 자임을 나타냄이라

그들이 나온 바 본향을 생각하였더라면 돌아갈 기회가 있었으려니와

그들이 이제는 **더 나은 본향을 사모하니 곧 하늘에 있는 것이라** 이러므로 하나님이 그들의 하나님이라 일컬음 받으심을 부끄러워하지 아니하시고 **그들을 위하여 한 성을 예비하셨느니라**

(히 11:8-16)

우리들 대부분은 이 구절들을 믿음에 대해 큰 영감을 주는 구절로 생각한다. 우리의 믿음의 선조들이 하나님을 믿기 위해 희생한 것을 되살펴보는 내용이기 때문이다.

그러나 우리는 이 성경 본문의 또 다른 목적을 이해할 필요가 있다. 그 목적은 우리의 믿음의 대상이 있다는 것을 보여주는 것이다. 그 대상은 천국이라 불리는 실제 장소의 상급이다! 이 땅은 우리의 최종 본향이 아니다!

그것은 우리 삶의 궁극적 목표가 천국을 얻는 것임을 의미한다. 우리의 믿음의 최종 목적은 천국, 하나님의 영원한 도성에 도달하는 것이다!

현재 우리를 살아가게 하는 믿음에 대해 하나님께 감사한다. 이 삶의 모든 역경을 극복한 믿음의 사람들의 이야기로 인해 하나님께 감사한다. 그러나 우리의 믿음의 최고의 이유는 이 세상이 주는 칭찬이나 이익을 얻으려는 것이 아니다. 또한 부나 심지어 건강을 얻으려는 것도 아니다. 물론 우리는 그런 것들을 믿을 수 있고, 또 마땅히 믿어야 하지만 말이다.

우리의 믿음의 최고 목표는 우리를 더 나은 곳, 하늘나라로 이끄는 것이다. 영원한 본향을 우리에게 열어주는 것이다. 그것은 자신의 생명을 희생해 우리로 하여금 그것을 얻게 하신 구주의 선물이다.

영원한 실상

사도 바울(나는 그가 히브리서를 썼다고 믿는다)은 그 당시의 히브리인이나 유대인들에게 조심스럽게 썼다.

그 사람들은 이 땅의 예루살렘을 그들의 희망의 상징으로 소중히 여겼다. 그 도시는 그들의 평화의 요새였고, 다윗의 '큰 성'이었고, 그들의 '메카'라고도 할 수 있었다. 그러나 바울은 그들에게 믿음을 새 예루살렘, 즉 하나님이 건축하시고 만드시는 성에 더 높이 두라고 말했다.

그 성에서는 아무 것도 쇠하지 않는다. 그 성의 상급과 약속은 영원하다. 바울은 이 땅에서 겪는 고통이나 손실이 앞으로 당신이 받을 것과 비교되지 않는다고 말했다.

너희가 갇힌 자를 동정하고 너희 소유를 빼앗기는 것도 기쁘게 당한 것은 더

낫고 영구한 소유가 있는 줄 앎이라

(히 10:34)

다른 성경 번역으로 보면, 더욱 분명하다. 웨이멋 번역으로는 천국에서 "더 소중한 소유를 가질 것이며 그것은 영원하다"고 말한다. 베이식 영어 신약 성경에서는 "영원히 가질 더 나은 소유"라고 말한다.

J. B. 필립스의 신약 성경에서는 "훨씬 더 확고하고 영원한 보물"이라고 말씀한다. 그것은 당신이 결코 빼앗기지 않는 유산을 받는다는 것이다. 천국은 영원한 곳이어서 당신의 소유를 결코 잃거나 도둑맞지 않을 것이며, 부패도 없을 것이다.

이 진짜 약속은 기다릴 가치가 충분하다. 바울이 말했다.

그러므로 너희 담대함을 버리지 말라 이것이 큰 상을 얻게 하느니라
너희에게 인내가 필요함은 너희가 하나님의 뜻을 행한 후에 약속하신 것을 받기 위함이라
잠시 잠깐 후면 오실 이가 오시리니 지체하지 아니하시리라

(히 10:35-37)

또 바울은 우리가 천국의 약속과 실재성을 확고히 붙잡는다면, 우리가 사는 방식이 바뀐다는 것을 알았다.

나의 의인은 믿음으로 말미암아 살리라 또한 뒤로 물러가면 내 마음이 그를 기뻐하지 아니하리라 하셨느니라

(히 10:38)

믿음은 바라는 것들의 실상이요 보이지 않는 것들의 증거니

(히 11:1)

'실상'이라는 단어는 헬라어로 후포스타시스로서, '지지 기반, 권리증서, 확신' 등을 의미한다.

그것은 예수 그리스도 안에 있는 믿음으로 당신이 이미 천국의 재산을 가졌고 거기에 당신의 이름이 적혀 있다는 것을 의미한다. 주님이 그것에 대한 당신의 권리 증서이시다! 거기서 당신이 받을 유업은 당신이 지금 소유하는 어떤 것보다 더 가치 있고 영원하다.

요점은 당신이 이 땅에서는 그저 '나그네'와 '이방인'으로서 '지나가고' 있다는 것이다(히 11:13 참조).

'나그네'의 헬라어 원어는 제노스로서, '외국인' 혹은 '이방인'을 의미한다. 그는 "더 나은 나라를 향해 여행 중"이다.

그것은 당신이 이 땅 위에서 이방인이라는 것을 의미한다. 그는 천국이라는 더 나은 나라를 향해 여행하는 중이다!

'더 나은'은 헬라어로 크레이손으로서, '우월하다, 더 탁월하다, 더 유리하다'를 의미한다. 문자적으로는 '최고 형태의 탁월함'을 의미한다.

우리가 향해 가는 더 나은 그곳보다 더 좋게 묘사되는 곳은 없다. 예수님은 그것을 "하나님의 낙원"(계 2:7)이라고 부르셨다.

새로운 관점

천국은 당신이 어떻다고 생각하는 것과 많이 다를 가능성이 크다.

우리의 오해와 상상을 내려놓는 것이 중요하다. 우리가 구름 위에서

노래하며 모든 시간을 보내지 않는다는 것을 앞으로 차차 살펴보며 알게 될 것이다. 또 우리가 지상에서 가장 좋아했던 것에 영원히 탐닉하지도 않을 것이다.

천국에 대한 사람의 개념들은 기껏해야 우스울 뿐이다. 그 주된 이유는 우리가 하나님과 같은 식으로 생각하거나 보지 않기 때문이다(사 55:8 참조). 천국은 훨씬 더 영광스럽고, 천국에 대한 정확한 설명은 하나님의 말씀에서 나온다.

우리가 축출해야 할 첫 번째 개념은 "천국의 생각에 몰두하면, 지상에서는 유용한 사람이 못 된다"는 것이다. 그런 생각 때문에 그리스도인들이 지금 여기서의 기쁨을 많이 빼앗겼다. 그것 때문에 우리는 우리의 소망인 천국에 몰두하는 것을 부끄러워하여 멀리하게 되었지만, 하나님께서는 바로 그것을 우리가 생각함으로써 용기와 인내를 얻기를 바라고 계신다. 하나님께서 우리에게 말씀하신다.

"위의 것을 생각하라!"(골 3:2).

사실은 천국을 더 생각할수록, 당신은 땅에서도 더 유능할 수 있다. 천국이 어떤 곳인지 정말로 이해한다면 말이다. 올바른 믿음은 나침반처럼 삶 속에서 당신을 지탱하고 안내해 줄 수 있다.

천국을 어떻게 보는가에 따라, 쳇바퀴 도는 좌절된 삶과 참 만족과 보상을 주는 삶으로 나눠질 수 있다!

올바른 관점을 갖는 것은 분명히 가치가 있다.

지상의 교회

하나님께서 천국의 탁월한 모델을 바로 우리 눈앞에 두셨다. 그것은 지상의 교회이다!

　하나님께서는 다른 것들 중에서도 특히 교회가 천국을 현재의 인류에게 가장 잘 나타냄으로써 교회의 모범을 통해 사람들을 그리스도께로 이끌게 의도하셨다. 천국의 가장 중요한 부분은 그 주민들과 하나님의 관계, 그리고 그들 서로 간의 관계이다. 지상의 교회도 그렇다.

　문자적으로, '교회', 혹은 에클레시아는 '불러낸 자들'이다. 그것은 하나님을 위해 사는 이 땅의 하나님의 사람들이다. 그것은 어떤 사람들이 생각하듯이, 교회 건물이 아니다. 사실, 천국에 가면, 우리가 지금 아는 '교회', 즉 교회 건물은 필요 없을 것이다. 천국은 하나님의 백성으로 가득해서, 어떤 분류가 필요하지 않을 것이다.

> 성 안에서 내가 성전을 보지 못하였으니 이는 주 하나님 곧 전능하신 이와 및 어린 양이 그 성전이심이라
> (계 21:22)

　우리가 천국에 갈 때까지, 지상의 교회가 지극히 의미심장한 위치를 갖는다. 그것은 하나님과 하나님의 사람들이 만나는 실제적인 장소이며, 하나님의 실체를 세상과 나누는 수단이다.

　이 지상의 기관은 여러 모로 의미심장하게 천국의 모델이 된다.

　우리가 천국에서 하나님을 섬길 것이듯, 같은 기회가 교회를 통해 지금 우리에게 제공된다. 입구에서 안내를 하든, 환영하고 인사를 하든, 주일학교 교사로 섬기든, 찬양을 부르든, 설교를 하든 우리는 천국의 중요한 면을 세상에 보여주는 모델이다.

　우리가 하나님을 섬기는 모델을 어떻게 보여주는지가 중요하다.

교회는 천국 사회를 반영한다.

수백만 명의 사람들이 매주 교회에 가기 위해 시간을 들인다는 단순한 사실이 세상에 메시지를 전해 준다. 그것은 하나님은 실재하시므로 그렇게 할 가치가 있고, 그들이 지금 하나님을 만날 수 있다는 것을 말해 준다. 또 그것은 하나님은 그들의 삶이나 가족과 연관되며 하나님의 응답이 있다는 것을 말해 준다.

그것은 세상이 부인할 수 없는 천국의 증거를 세상에게 준다.

이것은 하나님과의 일대일 관계나 우리가 하나님과 단 둘이 보내는 시간의 가치를 절하하려는 것이 아니다. 그것은 진정한 신앙에 필수적이다. 그렇다고 해서 그런 것이 우리가 교회로서 모여서 하나님이 영원히 세워두신 목적을 섬기는 것을 대신할 수 없다.

하나님께서 교회를 통해 천국의 모델을 세우려는 목적을 가지셨으므로 '교회'에 대해서 우리가 아닌 하나님의 뜻이 있다는 것을 또한 기억해야 한다. 하나님께서 그리스도의 몸 안의 각 지체를 부르시고 하나님께서 기뻐하시는 대로 정하셨다(고전 12:18 참조). 하나님께서 에클레시아, 즉 '불러낸 자들'을 형성하셨다. 따라서 교회는 하나님의 명령이자 조직이며, 우리의 선택사안이 아니다!

함께 모임

많은 사람들이 오늘날 교회에 출석할 필요가 있는지에 대해 혼란에 빠져 있다. 그러나 우리의 가장 중요한 유익과 성장은 지상의 교회라는 수단과 교회 안의 관계를 통해 이뤄진다.

우리가 그리스도의 영원성을 정말로 이해하려면, 교회의 머리인 예수님께

붙어 있어야 한다. 그리스도의 몸인 교회에 붙어 있지 않으면, 머리인 그리스도와 관계를 형성하는 것이 불가능하다(엡 5:23 참조). 간단히 말해서, 몸은 지체들의 총합이다(고전 12:20 참조). 참된 생명이 전달되는 곳에는 항상 두 지체의 결합이 있어야 한다.

성경은 그것을 매우 분명히 밝히고 있다.

서로 돌아보아 사랑과 선행을 격려하며
모이기를 폐하는 어떤 사람들의 습관과 같이 하지 말고 오직 권하여 그 날이 가까움을 볼수록 더욱 그리하자

(히 10:24-25)

녹스의 번역에서는 "우리의 공동 집회를 버리지 말며"라고 말씀한다. 버클리 신약 성경에서는 "우리의 교회 집회를 소홀히 하지 말며"라고 말씀한다. NEB 성경에서는 "우리의 집회를 멀리하지 말며"라고 말씀한다.

J. B. 필립스 번역에서는 "우리의 교회 집회에서 떨어져 있지 말며"라고 말씀한다. 테일러 번역에서는 "그가 다시 오시는 날이 가까워지는 것을 볼수록 함께 모이라"고 말씀한다.

이것은 예수님이 곧 다시 오신다는 것을 우리가 정말로 믿는다면, 덜 모이는 것이 아니라, 더 모이기를 힘써야 한다는 것이다! 우리가 그렇게 할 때, 우리가 정말로 믿는다는 것을 세상에 보여주는 모델이 된다. 즉 천국은 실제 장소이며, 우리의 일상생활의 선택 속에서 천국을 향해 나아가는 것이 가치 있고, 천국은 최신영화나 쇼핑몰보다 훨씬 더 가치 있다고 알려주는 것이다!

라오디게아 교회의 잘못

사람들을 그리스도의 몸인 지역 교회에 적극적으로 참여하지 못하게 하려는 방해공작이 많다. 왜냐하면 우리를 지탱해 줄 힘이 거기서 나오기 때문에 그것을 방해하려는 것이다.

하나님께서 교회를 통해 천국의 모델을 제시하시는 데 최대의 적 중 하나는 우리 자신의 판단과 우리 자신으로 충분하다는 태도이다.

우리는 요한계시록의 라오디게아 교회에서 그 교훈을 얻을 수 있다.

내가 네 행위를 아노니 네가 차지도 아니하고 뜨겁지도 아니하도다 네가 차든지 뜨겁든지 하기를 원하노라

네가 이같이 미지근하여 뜨겁지도 아니하고 차지도 아니하니 내 입에서 너를 토하여 버리리라

네가 말하기를 나는 부자라 부요하여 부족한 것이 없다 하나 네 곤고한 것과 가련한 것과 가난한 것과 눈 먼 것과 벌거벗은 것을 알지 못하는도다

내가 너를 권하노니 내게서 불로 연단한 금을 사서 부요하게 하고 흰 옷을 사서 입어 벌거벗은 수치를 보이지 않게 하고 안약을 사서 눈에 발라 보게 하라

무릇 내가 사랑하는 자를 책망하여 징계하노니 그러므로 네가 열심을 내라 회개하라

볼지어다 내가 문 밖에 서서 두드리노니 누구든지 내 음성을 듣고 문을 열면 내가 그에게로 들어가 그와 더불어 먹고 그는 나와 더불어 먹으리라

이기는 그에게는 내가 내 보좌에 함께 앉게 하여 주기를 내가 이기고 아버지 보좌에 함께 앉은 것과 같이 하리라

귀 있는 자는 성령이 교회들에게 하시는 말씀을 들을지어다

(계 3:15-22)

이 특정 신자들의 그룹은 자신을 매우 성숙하다고 여겼다. 그들은 교회가 필요 없다고 여겼다.

"우리는 스스로 말씀을 공부할 수 있어요. 우리는 우리가 원하는 것을 공부할 수 있어요. 우리는 집에서 기도해요. 우리는 그렇게 할 수 있어요. 보다시피, 우리는 부유하고 재산이 많아요. 우리는 정말 아무 것도 부족한 게 없어요. 우리의 사업은 성공적이에요. 솔직히, 우리는 바빠요. 교회에 가려면 시간이 들어요."

그러나 하나님이 보시는 관점은 달랐고, 라오디게아인들에게 회개하라고 하셨다! 현 시대에 하나님의 목적들이 교회를 통해 성취된다. 하나님께서 뭔가 말씀하실 게 있을 때, 교회들을 통해 말씀하신다(계 3:22). 대적의 쉬운 표적이 되지 말라. 지상의 하나님의 도구인 교회를 통해 보호와 격려를 얻으라.

모임 중에 하나님의 임재를 누리고 지시를 받으라. 그리스도의 몸을 통해 주어지는 정서적, 신체적, 영적 치유를 환영하며 받아들이라. 가정 문제, 사업의 문제, 그리고 개인적인 일들에 대한 응답을 발견할 것이다.

모여서 함께 섬길 때 힘이 더욱 커질 것이다. 교회는 하나님의 임재 안에서 생명 그 자체이다. 우리가 하나님을 대면할 때까지 그것이 하나님이 정하신 방법이다!

천국의 모델

하나님께서 교회를 하늘 사회의 참 모델이 되도록 의도하셨고, 또한 교회가 축복이 되도록 의도하셨다. 즉 지역 교회는 천국의 사랑, 돌봄, 아낌, 계시의 모델이 되어야 한다.

그런데 불행히도, 많은 교회들이 지옥을 더 잘 반영하고 있다. 만일 당신의 교회가 그렇다면, 다른 교회를 찾는 게 좋다!

그러나 최고의 모델이라 하더라도 진짜와는 비교되지 않는다. 모델은 진짜의 불완전한 복제품일 뿐이다. 새 건물을 지으려 할 때 짓는 모형처럼 말이다. 그것은 최종적이 아니지만, 최종 산물이 어떠한 것인지 미리 보고 그것을 고대하며 기다리게 해준다.

우리가 교회를 통해 천국 모델을 사람들에게 보여줄 때, 그들은 진짜를 잠시 맛볼 수 있다. 천국의 실체를 한 번 흘깃 맛보여줌으로써 한 사람이 구원에 이르도록 자극할 수 있다. 혹은 최소한 영원한 상급에 대해 알아보려는 마음을 갖게 할 수 있다!

어떻게 지역 교회가 이러한 천국의 실체를 보여주는 모델이 될 수 있을지 생각해 보자.

1. 천국에는 하나님의 영광스러운 임재가 있으며, 하나님이 누구시며 하나님이 창조하신 것이 무엇인지에 대한 지식이 천국에서 영원히 확장된다.

  교회에는 하나님의 영광스러운 임재가 있으며, 하나님이 누구시며 하나님이 창조하신 것이 무엇인지에 대한 지식이 교회에서 영원히 확장된다. 예수님이 말씀하셨다. "두세 사람이 내 이름으로 모인 곳에는 나도 그들 중에 있느니라"(마 18:20). 하나님께서는 교회 문으로 들어오는 누구든 하나님의 임재와 사랑을 느끼고, 계시 안에서 자라가길 뜻하셨다.

2. 천국에는 주님께 대한 사랑의 예배가 있다. 그리고 노래와 찬양과 음악이 있다.

교회에는 주님께 대한 사랑의 예배가 있다. 그리고 마찬가지로, 노래와 찬양과 음악이 있다.

3. 천국에서는 주님을 섬긴다. 하나님의 백성이 하나님의 선하심에 대한 감사의 마음으로 하나님을 영원히 섬긴다.

교회에서는 주님을 섬긴다. 신자들은 하나님의 구원의 큰 선물을 깨닫고 자신의 생명이 더 이상 자신의 것이 아님을 이해하면서 하나님을 섬긴다.

4. 천국에는 통치체제와 구조가 있다. 거기에는 혼란이 없다. 하나님께서 보좌에서 다스리신다. 하나님 주변에 24 장로가 있다. 섬기는 자들이 많이 있다. 천국에는 권위 위임이 있다.

교회에는 성경에 나타난 통치체제와 구조가 있다. 사도, 선지자, 복음 전하는 자, 목사, 교사, 장로, 집사가 있다. 또한 권위 위임이 있다.

5. 천국에는 의미심장하고 영원한 관계가 있다. 먼저 하나님과의 관계가 있고 그 다음에 다른 사람들과의 관계가 있다. 그리고 하나님의 이름을 부르는 모든 자들과 천국에서 재회하며 관계가 회복된다.

교회에는 의미심장하고 영원한 관계가 있다. 먼저 하나님과의 관계가 있고 그 다음에 다른 사람들과의 관계가 있다. 그리고 서로 돌보며, 위로하고, 투명함 속에서 함께 성장하고 서로를 굳건히 한다. 그것은 영원히 신자들의 특권이다.

6. 천국에는 천사들의 사역이 있다. 천국에서 천사들이 하나님을 섬긴다.

교회에는 천사들의 사역이 있다. 지상에서 천사들은 신자들에게 사역하고 사람을 섬기도록 보냄 받는다 (히 1:14의 "섬기는 영" 참조).

7. 천국에서는 하나님의 말씀이 선포된다. 그것이 법이다.

   교회에서는 하나님의 말씀이 선포된다. 그것이 법이다!

8. 천국에서 우리는 그리스도의 방식으로 산다. 우리는 모든 사람을 있는 그대로 받아들인다. 우리는 사랑의 법을 따라 산다.

   교회에서 우리는 그리스도의 방식으로 살아야 한다. 인종, 문화, 피부색에 상관없이 모든 사람을 받아들여야 한다. 우리는 천국의 모델이 되도록 사랑의 법으로 살아야 한다.

9. 천국에서는 당신의 소명이 성취된다. 천국에서는 당신이 창조된 목적을 총체적으로 이룬다. 물론 천국은 궁극적으로 하나님께서 다 이루시는 곳이지만, 당신의 소명도 거기서 성취된다. 당신이 아버지와 하나 되기 때문이다.

   교회에서 당신의 소명이 시작된다. '거듭남'으로 당신의 영원한 소명이 시작된다. 이해와 기회의 문들이 열리기 시작한다. 그 과정이 지속될 것이다.

10. 천국은 하나님과 하나님의 백성이 만나는 충만한 자리이다.

    교회는 지상에서 하나님과 하나님의 백성이 만나는 최고의 자리이다.

우리는 더 나은 나라를 향해 나아가는 순례자이다. 우리는 지금 가진 것보다 더 낫고 영구한 실상을 갖는다. 천국이 우리의 궁극적 집이다.

하나님께서는 천국이 어떨지에 대한 모델로서 교회를 우리에게 주셨다. 우리는 그것을 세상과 구체적으로 나눌 수 있다. 교회는 우리의 삶과 운명을 영원히 바꿀 수 있다. 그리고 교회는 우리가 지금 여기서 하나님을 만나도록 도울 수 있다!

그러나 또한 하나님이 건축하시고 지으신 도성이 우리를 기다리고 있다! 그곳에 대해 이렇게 말할 수 있다.

> 하나님이 자기를 사랑하는 자들을 위하여 예비하신 모든 것은 눈으로 보지 못하고 귀로 듣지 못하고 사람의 마음으로 생각하지도 못하였다
>
> (고전 2:9)

하나님께서 허공과 별들을 만드시는 데 엿새가 걸리셨다. 행성, 호수, 강, 바다, 동물, 새, 사람 등 말이다. 그런데 하나님의 도성인 천국을 지으시는 데는 벌써 2,000년이 걸리셨지만, 아직도 끝나지 않았다!

그런 생생한 곳에 대해 하나님께서 또 뭐라고 말씀하시는지 살펴보자….

하나님께서 우리에게 어떤 것에 대한 정보를 주실 때는, 보통 우리에게 그것이 필요하다고 생각하시기 때문이다. 하나님께서 천국에 대한 정보가 우리에게 필요하다고 느끼셨던 것 같다.

천국이라는 단어는 성경에 최소한 568번 사용된다. 우리는 천국에 대한 오해와 고정관념 때문에 천국에 대한 성경구절들을 있는 그대로 받아들이지 않는다. 우리는 믿음의 눈을 가리는 것들을 벗어버리고 하나님께서 정말로 무엇이라고 말씀하시는지 발견해야 한다!

히브리어로 '천국'을 의미하는 구약의 단어는 샤마임이다. 샤마임은 성경에 420회 등장한다.

신약에서 '천국'을 가리키는 단어는 우라노스로서, 148회 사용된다.

샤마임과 우라노스는 같은 것을 의미한다. '높다', '위의', '하늘' 등이다. 이 단어들은 높은 곳이나 높임을 가리키는 데 사용된다.

그러나 천국에 대해서, 더 정확하게는 '하나님의 하늘(천국)'에 대해서 성경이 무엇을 말씀하는지 정말로 이해하려면, 세 가지 하늘이 있다는 것을 먼저 이해해야 한다. 그렇다. 세 하늘이 있다. 샤마임과 우라노스는 셋 모두에 사용된다. 히브리어나 헬라어로 세 가지 하늘이 구별되지 않는다. 따라서 각 단어가 사용되는 문맥을 이해하고 그 구절이 어느 하늘을 가리키는지 정확히 파악하는 것이 중요하다.

그렇게 하면 혼란스러운 많은 부분이 제거될 것이다.

우리가 그 차이를 알 수 있게 해주는 몇 가지 구절들이 있다.

무익하나마 내가 부득불 자랑하노니 주의 환상과 계시를 말하리라
내가 그리스도 안에 있는 한 사람을 아노니 그는 십사 년 전에 셋째 하늘에 이끌려 간 자라 (그가 몸 안에 있었는지 몸 밖에 있었는지 나는 모르거니와 하나님은 아시느니라)
내가 이런 사람을 아노니 (그가 몸 안에 있었는지 몸 밖에 있었는지 나는 모르거니와 하나님은 아시느니라)
그가 낙원으로 이끌려 가서 말로 표현할 수 없는 말을 들었으니 사람이 가히 이르지 못할 말이로다
내가 이런 사람을 위하여 자랑하겠으나 나를 위하여는 약한 것들 외에 자랑하지 아니하리라
내가 만일 자랑하고자 하여도 어리석은 자가 되지 아니할 것은 내가 참말을 함이라 그러나 누가 나를 보는 바와 내게 듣는 바에 지나치게 생각할까 두려워하여 그만두노라

(고후 12:1-6)

사도 바울은 이 본문에서 그가 천국에 갔던 이야기를 한다. (그것은 그가 루스드라에서 거의 돌에 맞아 죽을 뻔했던 후에 받은 계시일 가능성이 크다.)

바울이 "셋째 하늘에 이끌려 갔었다"고 말하며, 그것이 "낙원(paradise)"이라고 말하는 것에 주목하라.

'낙원'은 헬라어로 파라데이소스이며, '하나님의 아름다운 정원'을 의미한다. 예수님도 요한계시록 7장 7절 하반절에서 똑같은 단어를 사용하시면서 "이기는 그에게는 내가 하나님의 낙원에 있는 생명나무의

열매를 주어 먹게 하리라"고 선포하셨다.

파라데이소스는 세 번째 하늘, 혹은 하나님이 거하시는 하늘이나 천국이다. 하나님의 하늘은 다른 두 하늘과 다르다.

다른 두 하늘은 대기권과 우주 공간이다. 대기권 하늘은 구름, 바람, 오존층으로 이뤄진다. 간단히 말해서, 그것은 우리 위의 하늘이다. 성경에서는 흔히 그것을 '궁창'이라 부른다. 그것은 단순히 대기권이나 하늘을 의미한다.

대기권 하늘 위에 우주의 하늘이 있다. 그 하늘에는 해, 달, 별, 행성, 별똥별, 은하수가 있다. 다시 말해서 그것은 '우주 공간'이다. 많은 경우에 하나님의 말씀에서 하늘이라고 하면, 세 번째 하늘이나 하나님의 천국이 아닌, 이 하늘을 가리킨다.

하나님의 천국, 혹은 세 번째 하늘은 천문학적인 하늘 위에 있다. 그것은 파라데이소스, 혹은 '하나님의 아름다운 정원'이다. 그곳은 모든 경이로운 것을 담고 있다.

사도 바울이 하나님의 하늘로 이끌려 갔었다. 시편에서는 하나님의 보좌가 이 하늘에 있다고 말씀한다(시 11:4 참조). 그 장엄한 자리에서, 하나님께서 우주를 다스리신다.

어떤 하늘?

이런 맥락 속에서 우리가 인용할 수 있는 몇 가지 예들이 있다. 창세기에서 하나님께서 "천지를 창조하셨다"고 말씀한다(창 1:1). 이 구절은 하나님의 하늘이 아니라, 대기권의 하늘을 가리킨다.

우리가 그렇게 이해할 수 있는 것은 하나님의 하늘과 천문학적 하늘(행성들

등)은 이미 그 당시에 수백만 년 동안 존재해 온 상태에서 하나님께서 우리 지구의 대기권을 만드셨기 때문이다(요 38:4-7 참조). 한 가지 증거는 루시퍼가 그보다 훨씬 전에 하나님의 하늘에서 내쫓겼다는 것이다(눅 10:18 참조). 따라서 창조할 하늘로 남아 있는 것은 지구 위의 하늘뿐이었다.

다른 예는 요한계시록이다. 거기서 요한이 말씀한다. "또 내가 새 하늘과 새 땅을 보니 처음 하늘과 처음 땅이 없어졌고…"(계 21:1).

역시 이 구절도 하나님의 하늘을 가리키는 것일 리 없다. 하나님께서 보좌를 두실 자리를 완벽하고 영원하게 만드셨으므로, 하나님께서 하나님의 하늘을 파괴하시고 후에 다시 만드신다는 해석은 타당하지 않을 것이다.

우리는 우리의 대기권이 오염되었다는 사실을 안다. 오존층이 현재 파괴되고 있다. 우리는 우리의 하늘에 엄청난 쓰레기를 버렸다. 그것이 다시 완전해지려면, 불타고 새로워져야 한다. 그리고 하나님께서 그렇게 하실 것이라고 약속하신다!

그래서 우리는 하나님의 하늘이 우리가 흔히 생각하는 하늘들과 구별된 장소임을 알 수 있다. 그것은 우리가 볼 수 있는 대기권과 우주공간 위의 실제 장소이다.

머나먼 천국이 행성일까? 성경의 많은 증거가 그렇다고 하는 것으로 보인다.

지구 이상의 곳

하나님의 천국을 행성으로 생각한다는 것이 처음에는 어리둥절할 수 있지만, 성경적으로 세밀히 정의해 보면, 분명히 이 결론에 이른다.

오해하지 말라. 지구처럼 기본적인 곳이라는 말은 아니다. 하나님의 천국과 그 주변부는 이 지구보다 훨씬 더 우월하다. 하나님이 거하시는 곳은 훨씬 더 영광스러우며, 인간의 죄에 의한 어떤 오염으로부터도 완전히 자유롭다. 그러나 그 하늘, 혹은 천국에 대해 우리가 받은 수많은 설명들이 지구와 너무 많이 다르지 않은 곳을 가리키는 것으로 보인다. 사실, 천국은 인간의 타락 전의 지구와 상당히 유사할 수 있다.

하나님의 창조의 일관성을 생각해 볼 때 그것은 타당하다. 만일 하나님이 자신의 형상대로 사람을 만드셨다면, 하나님 자신의 환경과 비슷한 환경 속에 사람을 두셨을 것이다.

우리는 하나님께서 사람에게 '맞도록' 지구를 만드셨다는 것을 안다. 그래서 지구는 사람에게 잘 맞는다. 또 우리는 하나님께서도 여기서 상당히 편안해하셨다는 것을 안다! 하나님께서는 에덴동산에서 아담과 산책하는 것을 즐기셨다(창 3장 참조). (사실, '에덴동산'이라는 이름도 '하나님의 아름다운 정원'을 의미한다.)

또 다른 비슷한 사건으로서, 우리는 에녹이 죽지 않고 천국에 갔다는 것을 안다. 그것은 신약의 '휴거'가 구약에 일어난 것과 같았다. 성경은 우리에게 말씀한다. "에녹이 하나님과 동행하더니 하나님이 그를 데려가시므로 세상에 있지 아니하였더라"(창 5:24). 그렇다면 사람이 천국에서도 기능할 수 있는 것이 분명하다. 에녹은 아직도 살아 있기 때문이다!

엘리야도 죽지 않고 하늘로 이끌려 갔다(왕하 2장 참조). 성경의 관련 자료에 따르면, 그것은 에녹이 천국에 5,150년 이상 있었고, 엘리야가 3,510년 이상 있었다는 것을 의미한다. 우리가 아는 지식으로는, 그들은 아직 살아서 천국 행성의 삶을 누리고 있다. 그렇다면 천국이 더 우월하지만, 뭔가 지구와 유사한 것이 있을 것이다!

더 비중 있는 증거는 두 번째 아담이신 예수님을 사람들 중에 살도록 지구로 보내신 것이다. 이것 또한 유사성을 암시한다. 천국 거주자가 땅의 거주자가 되셨고, 하나님의 아들께서는 땅에서도 잘 지내셨다. 성경은 그 반대도 일어날 수 있다고 분명히 밝힌다. 구속받은 사람, 즉 예수님을 주로 영접한 사람은 지금 땅을 차지하고 나중에 천국을 차지할 수 있다.

그러나 중요한 요점이 있다. 우리가 인간으로서의 욕구나 상태 때문에 천국에 살 수 없는 것이 아니라, 그것은 죄 때문이라는 것을 이해해야 한다. 만일 죄가 없었다면 사람이 천국에 살 수 있었다는 것은 분명하다. 타락 전에는 아담이 천국에 사는 데 문제가 없었을 것이다. 감사하게도, 하나님께서 우리 죄를 해결할 길을 만드셔서 우리가 천국에서 영원한 생명의 권리를 상속받게 하셨다!

> 또 내가 새 하늘과 새 땅을 보니 처음 하늘과 처음 땅이 없어졌고 바다도 다시 있지 않더라
> 또 내가 보매 **거룩한 성 새 예루살렘이 하나님께로부터 하늘에서 내려오니** 그 준비한 것이 신부가 남편을 위하여 단장한 것 같더라
> 내가 들으니 보좌에서 큰 음성이 나서 이르되 보라 하나님의 장막이 사람들과 함께 있으매 하나님이 그들과 함께 계시리니 그들은 하나님의 백성이 되고 하나님은 친히 그들과 함께 계셔서
>
> (계 21:1-3)

> 성령으로 나를 데리고 크고 높은 산으로 올라가 **하나님께로부터 하늘에서 내려오는 거룩한 성 예루살렘**을 보이니
>
> (계 21:10)

하나님의 거룩한 성이 하늘에서 땅으로 내려올 날이 다가오고 있다. 그 성이 '새' 땅 위에서 적합한 자리를 찾으려면, 행성 간에 어떤 유사성이 있어야 할 것이다! (다음 장에서, 우리는 '새롭다'는 단어의 의미를 살펴볼 것이다. 그것은 '다시 창조되다'를 의미하며, 완전히 구별된 다른 창조가 아니다.)

거대한 성

요한계시록 21~22장의 새 예루살렘에 대한 설명을 읽으면, 새 예루살렘은 가로 2,400km, 세로 2,400km, 높이 2,400km이다. 그것은 엄청나게 큰 성이다! 그것은 천국 행성이 최소한 지구만큼 크다는 것을 의미한다. 사실은 천국 행성이 훨씬 더 클 가능성이 크다.

현재 미국이 화성으로 가는 5에이커 크기의 우주 정거장을 준비하고 있는 것을 생각해 보라. 하물며 하나님께서 어떤 것을 준비하시거나 위치 이동시키시는 것이 어려우시겠는가?

우리가 모든 세부사항을 다 아는 것은 아니지만, 확신할 수 있는 한 가지가 있다. 새 예루살렘은 구체적 성이다. 우리는 그것을 보고 만질 수 있다. 그것이 가시적 땅, 다시 만들어진 땅으로 내려올 것이다. 그 모든 것은 "천국이 실재한다"는 것을 의미한다. 우리의 성이 지금 준비되고 있다!

구체적인 것들

우리가 천국에서 볼 수 있는 것들은 무엇인가?

지구가 실제 장소이듯이, 천국 행성도 매우 실제적인 장소라는 것을 우리는 보고 있다. 사도 바울을 통한 다음 말씀이 그것을 확증해 준다.

"창세로부터 그의 보이지 아니하는 것들 곧 그의 영원하신 능력과 신성이 그가 만드신 만물에 분명히 보여 알려졌나니"(롬 1:20). 간단히 말해서, 천국의 것들은 우리가 땅에서 보는 많은 것들과 유사하다!

다시 여기서 우리는 하나님의 일관성을 본다. 교회의 생활이 땅 위에서 하나님 나라의 모델이듯이, 땅은 천국 행성의 삶의 모델이 된다. 둘 사이의 유사성에 대한 많은 구절들이 하나님의 말씀에 있다. 땅에서와 마찬가지로, 천국에도 나무가 있다. 우리는 하나님의 낙원에 있는 생명 나무의 열매를 먹을 기회를 가질 것이다(계 2:7 참조).

또한 천국에 강이 있다(계 22:1 참조). 금과 온갖 보석들이 있다(계 21:12-21 참조). 산이 있다(계 21:10 참조). 동물도 있다(최소한, 말이 있다. 그것은 어떤 유형의 동물계가 있음을 암시한다 19:11 참조). 만일 동물이 있다면, 풀도 있을 것이다!

천국에 구름도 있다(계 10:1 참조). 샘이 있다. 즉 폭포나 샘물이 있다(계 7:17). 또 거리가 있다(계 21:2 참조). 종려나무 잎도 있다. 그것은 종려나무도 있다는 것을 의미한다(계 7:9 참조). 열매도 있다(계 22:2 참조). 악기도 있다(계 5:8 참조).

음식, 가구, 의복, 책, 면류관, 무지개, 천둥과 번개, 노래, 등잔, 현관, 벽, 문, 잔치도 언급된다.

요약해서, 천국은 매우 실제적이다!

우리는 천국을 무형의 생명체들이 떠다니며 안개가 자욱한 유령마을로 상상하는 것을 버려야 한다. 천국은 일종의 무(無)라는 개념을 버려야 한다. 천국은 보고 느낄 수 있다. 천국에서는 지구와 많이 비슷하게 살아간다. 우리가 지금 볼 수 없다 해서 실재하지 않는 것이 아니다. 우리는 하나님의 말씀을 받아들여야 한다!

실제 장소

하나님의 말씀은 매우 분명하다. 이사야서에서 하나님께서 말씀하신다.

> 지극히 존귀하며 영원히 거하시며 거룩하다 이름하는 이가 이와 같이 말씀하시되 내가 높고 거룩한 곳(place)에 있으며…
> (사 57:15)

'곳'은 헬라어로 토포스이며, '지점, 위치, 집'을 의미한다. 우리는 하나님의 천국과 새 예루살렘이 실제로 한 지점, 위치, 집임을 보았다. 우리는 거기 있는 우리의 보물이 '더 낫고 영구한 실상'임을 보았다. 요약해서, 우리는 더 낫고 영구한 실상의 실제 장소를 향해 가고 있다!

예수님께서도 우리에게 그렇게 말씀하시며 요한복음에서 제자들을 격려하셨다. 제자들은 예수님의 임박한 처형과 죽음에 낙심해 있었다. 그들은 예수님을 다시 못 볼 것이라고 믿었기 때문이다.

> 너희는 마음에 근심하지 말라 하나님을 믿으니 또 나를 믿으라
> 내 아버지 집에 거할 곳이 많도다 그렇지 않으면 너희에게 일렀으리라 내가 너희를 위하여 거처를 예비하러 가노니
> (요 14:1-2)

그가 진짜 장소를 준비하고 계신다!
우리는 생각을 바꾸고 성경의 사실을 더 편하게 받아들여야 한다. 성경은 천국이 지구보다 더 실제적인 장소라고 제시한다. 하나님 말씀에

따르면, 천국은 실체이며, 오히려 우리의 지상 삶은 그림자이다.

> 지금 우리가 하는 말의 요점은 이러한 대제사장이 우리에게 있다는 것이라 그는 하늘에서 지극히 크신 이의 보좌 우편에 앉으셨으니
> 성소와 참 장막에서 섬기는 이시라 이 장막은 주께서 세우신 것이요 사람이 세운 것이 아니니라
> 대제사장마다 예물과 제사 드림을 위하여 세운 자니 그러므로 그도 무엇인가 드릴 것이 있어야 할지니라
> 예수께서 만일 땅에 계셨더라면 제사장이 되지 아니하셨을 것이니 이는 율법을 따라 예물을 드리는 제사장이 있음이라
> 그들이 섬기는 것은 **하늘에 있는 것의 모형과 그림자라** 모세가 장막을 지으려 할 때에 지시하심을 얻음과 같으니 이르시되 삼가 모든 것을 산에서 네게 보이던 본을 따라 지으라 하셨느니라
>
> (히 8:1-5)

예수님께서 우리의 참 제사장이시자 진짜의 모범으로서 천국에 계신다고 이 본문이 말씀한다. 마지막 구절은 어떤 패턴에 대해 말한다. 헬라어 투포스는 '모델' 혹은 '표상'을 의미한다. 우리의 땅의 의식들과 사역자들은 단지 '하늘에 있는 것의 모형과 그림자'를 섬긴다고 말씀한다. 간단히 말해서, 땅의 것들은 하늘에 실재하는 것들의 그림자이다!

확대 성경은 헬라어 원어에 가까운데 이렇게 말한다. 땅의 제사장들은 "[단지] 하늘에 있는 [참된 존재와 실체의] 것의 모형과 그림자라"(히 8:5a).

그것은 우리가 비실제적인 곳을 향해 가고 있지 않다는 것을 보여준다. 그리스도인인 우리는 참된 실체인 천국을 향해 나아가고 있다.

참 실체

우리는 모델이나 패턴에 둘러싸여 있고, 천국에 그것의 참된 실상과 실체가 있다는 것을 알 때 우리는 희망의 이유를 깨닫게 된다.

우리가 땅에서 경험하는 많은 것이 때로는 비현실적이고 종종 이해하기 어렵다. 그러나 우리는 온전한 실체와 총체적 이해가 가능한 곳을 향해 나아가고 있다. 천국에는 그림자나, 비유적인 것이 없다.

> 그리스도께서는 참 것의 그림자인 손으로 만든 성소에 들어가지 아니하시고 바로 그 하늘에 들어가사 이제 우리를 위하여 하나님 앞에 나타나시고
>
> (히 9:24)

이 구절의 '그림자'는 헬라어로 안티투폰으로서, '틀'이나 '모형'을 의미한다. 히브리인들은 어떤 사람의 동상이나 조각을 의미할 때 이 단어를 주로 사용했다. 조각이 상당히 비슷할지라도, 실체는 아니다. 마찬가지로, 모세의 땅의 성전은 주님께서 친히 거하시는 참 성전의 모델일 뿐이다.

진짜는 천국에 있다! 그림자는 천국이 아니라, 이 땅이다.

슬픈 사실은 우리들 대부분이 거꾸로 믿는다는 것이다. 마귀는 우리가 사실을 거꾸로 보도록 하는 데 상당히 성공했다. 우리는 보통 우리가 보는 땅이 전부이며 천국은 그림자라고 확신한다…. 그러나 하나님 말씀은 정반대가 사실이라고 말씀한다!

하나님의 입장에서 생각해 보면, 영원한 것이 일시적인 것보다 더 실제적이지 않겠는가? 우리의 감각을 의지해 우리가 가진 개념을 정당화하지 말아야 한다. 우리의 영적 정체성이 육신의 정체성보다 더 실제적이고

영원하듯이, 우리의 보이지 않는 영원한 집도 우리의 땅의 처소보다 더 실제적이다.

마지막 조각

우리가 천국에 갈 때까지 천국의 실체를 온전히 알지 못한다는 것은 사실이다. 기껏해야, 우리는 천국의 그림자나 한 장면만 맛볼 뿐이다. 그러나 우리가 확신할 수 있는 것이 있다. 진짜가 다가오고 있다! 세 번째 하늘은 우리가 지금 보는 대기권만큼 실재한다. 우리가 진짜를 볼 때, 우리의 땅의 삶은 그림자 모델처럼 우리의 기억에서 희미해질 것이다. 땅의 삶은 그렇게 되도록 의도되었다.

그러나 예수님을 대제사장과 주인으로 알고 있지 않은 사람들에게는 그런 실체가 보장되지 않는다. 하나님의 진리에 나아가지 않으면, 아무도 참 실체나 자신의 영원한 소명을 모른다. 그런 사람은 죽을 때까지 삶의 '그림자' 속에 살다가, 아무 것도 성취하지 못한 채 영원에 들어갈 것이다. 그의 삶의 퍼즐 조각들은 영원히 흩어질 것이다.

하나님의 임재로부터 추방되는 것 다음으로, 그것이야말로 지옥의 가장 끔찍한 사실일 것이다. 그러나 하나님께 감사하게도, 우리는 위대하신 하나님과 천국이라는 실제 장소에 영원히 살도록 부름 받았다.

우리의 믿음의 목적은 우리가 보거나 이해하지 못하는 것의 실체에 대해 우리를 더 익숙하게 해주는 것이다. 성경이 어떤 진리를 더 상세히 말할 때, 그것을 살펴보는 것이 타당하다. 그러면 우리는 우리 안에 있는 소망을 더 온전히 설명할 수 있다.

많은 성경적 증거가 천국이 행성일 가능성이 크다고 보여주므로 우리는 그 위치를 결정하게 도와줄 관련 자료들을 찾아볼 필요가 있다.

여기서 우리의 연구가 더 어려워진다. 자연인이 하나님의 것들을 묘사하려 할 때마다 정말 어려운 점이 있다. 기껏해야 우리는 "거울로 보는 것 같이 희미하게"(고전 13:12) 볼 뿐이다.

그럼에도 불구하고, 하나님의 말씀 속에는 우리의 추구를 도와주는 중요한 것들이 있다. 첫 번째는 천국의 대략적 방향과 관련된다.

아주 간단하게, 천국은 지구 '위에' 혹은 '바깥에' 있다. 그것을 말하는 것이 중요하다. 아주 명백해 보이는 사실이지만, 놀랍게도 얼마나 많은 사람들이 그것에 대해 혼동되었는지 모른다. 마귀는 수천 년 동안 수많은 사람들에게 "여기가 전부야"라고 확신시켜 왔다. 그들은 이 땅이 유일한 천국이며, 그들이 죽으면 영혼이 영원히 잠들 것이라는 거짓말을 받아들여 왔다.

사탄의 다음 책략은 환생이라는 거짓 '희망'을 심어주는 것이었다. 다른 수많은 사람들은 이 세상의 삶 후에 다른 형태의 생명으로 태어난다는 거짓말을 받아들여 왔다. 이 이야기도 결국은 땅만이 유일한 '천국'이라는 것으로 귀결된다.

그리스도인들은 환생이나 '지상 천국'을 어리석다고 생각할 수 있지만, 안타깝게도, 수많은 사람들이 그렇게 믿어왔고 믿고 있다. 불교 신자와 힌두교 신자가 그것을 믿고, 그렇게 산다. 힌두교인들은 소를 잡아먹느니 굶어죽는다. 소가 그들이 아는 어떤 사람일지 모른다고 생각하기 때문이다!

미국도 예외가 아니다. 저명한 사람들이 환생을 믿으며, 그들의 간증으로 수천 명을 오도한다. 그래서 전 세계 도처에서, 수많은 무리가 천국에 대한 소망을 잃을 뿐 아니라, 구원의 기쁨도 빼앗긴다!

환생 신화는 4,000년쯤 전에 이집트에서 시작되었다. 이집트의 철학자들은 알을 품은 왕쇠똥구리가 진흙에 굴러서 죽는 것을 보았다. 그것이 죽은 후, 일곱 마리의 작은 왕쇠똥구리들이 태어나 진흙에서 기어나왔다. 그 지혜로운 철학자들은 죽음으로부터 많은 생명이 태어났다고 추정했다. 그들은 사람이 죽으면, 돌아와 다시 시작할 기회를 얻는다고 믿었!

그러나 하나님의 법칙에 따르면, 그것은 사실이 아니다. 하나님은 한 번 죽는 것은 사람에게 정하신 것이요 그 후에는 심판이 있다고 말씀한다(히 9:27 참조). 그 다음에는 천국이나 지옥으로 가는 것이며, 왕쇠똥구리, 소, 혹은 헨리 8세로 태어날 기회가 없다.

확실한 증거

이 땅이 천국이 아닌 것을 하나님께 감사한다. 우리는 더 나은 곳을 기다리며, 그곳은 '위에' 있다! 사도 바울은 하늘을 직접 방문하여 그것을 분명히 말했다.

무익하나마 내가 부득불 자랑하노니 주의 환상과 계시를 말하리라

내가 그리스도 안에 있는 한 사람을 아노니 그는 십사 년 전에 셋째 하늘에 이끌려 간 자라 (그가 몸 안에 있었는지 몸 밖에 있었는지 나는 모르거니와 하나님은 아시느니라)

내가 이런 사람을 아노니 (그가 몸 안에 있었는지 몸 밖에 있었는지 나는 모르거니와 하나님은 아시느니라)

그가 낙원으로 이끌려 가서 말로 표현할 수 없는 말을 들었으니 사람이 가히 이르지 못할 말이로다

내가 이런 사람을 위하여 자랑하겠으나 나를 위하여는 약한 것들 외에 자랑하지 아니하리라

내가 만일 자랑하고자 하여도 어리석은 자가 되지 아니할 것은 내가 참말을 함이라 그러나 누가 나를 보는 바와 내게 듣는 바에 지나치게 생각할까 두려워하여 그만두노라

(고후 12:1-6)

우리가 살펴보았듯이, 세 가지 하늘이 있다. 대기, 우주, 그리고 하나님의 천국이다. 이 본문에서 바울은 처음 두 하늘 위의 세 번째 하늘에 들어갔음을 분명히 밝힌다.

그것은 하나님의 천국이 우주의 하늘 위 어디엔가, 해, 달, 별 **위에** 있음을 의미한다. 틀림없이 수십 억 광년은 떨어져 있을 것이다. 여하간 그것은 위에 있다!

천국이 '위에' 있다고 구체적으로 말씀하는 38개의 성경 구절이 있고, 그런 의미를 함축하는 다른 많은 구절들도 있다. 그 중 몇 가지는 다음과 같다.

그런즉 너는 오늘 **위로** 하늘에나 아래로 땅에 오직 여호와는 하나님이시요 다른 신이 없는 줄을 알아 명심하고

(신 4:39)

주의 거룩한 처소 하늘에서 보시고 주의 백성 이스라엘에게 복을 주시며….

(신 26:15)

너희의 하나님 여호와는 **위로는** 하늘에서도 아래로는 땅에서도 하나님이시니라

(수 2:11)

하나님이 하늘에서 인생을 **굽어**살피사….

(시 53:2)

주여 하늘에서 **굽어** 살피시며 주의 거룩하고 영화로운 처소에서 보옵소서

(사 63:15a)

주의 천사가 **하늘로부터 내려와** 돌을 굴려 내고 그 위에 앉았는데

(마 28:2)

주 예수께서 말씀을 마치신 후에 **하늘로 올려지사** 하나님 우편에 앉으시니라

(막 16:19)

그들을 떠나 [하늘로 **올려**지시니]

(눅 24:51)

하나님의 떡은 하늘에서 **내려** 세상에 생명을 주는 것이니라

(요 6:33)

내가 하늘에서 **내려온** 것은 내 뜻을 행하려 함이 아니요 나를 보내신 이의 뜻을 행하려 함이니라

(요 6:38)

곧 다가올 어느 날에 대한 익숙한 구절이 여기 있다.

주께서 호령과 천사장의 소리와 하나님의 나팔 소리로 친히 하늘로부터 강림하시리니 그리스도 안에서 죽은 자들이 먼저 일어나고
그 후에 우리 살아 남은 자들도 그들과 함께 구름 속으로 끌어 올려 공중에서 주를 영접하게 하시리니 그리하여 우리가 항상 주와 함께 있으리라

(살전 5:16-17)

성경적 단서

'위'라는 것 외에, 천국의 위치에 대한 더 구체적인 안내가 있는가? 몇 개의 구절들은 천국 행성이 우리 우주의 가장 북쪽에 있으며, 우주 공간의 하늘 위에 있다는 것을 나타내는 것으로 보인다.

시편 75편을 잘 살펴보면 그런 한 예를 볼 수 있다.

하나님이여 우리가 주께 감사하고 감사함은 주의 이름이 가까움이라 사람들이 주의 기이한 일들을 전파하나이다

주의 말씀이 내가 정한 기약이 이르면 내가 바르게 심판하리니

땅의 기둥은 내가 세웠거니와 땅과 그 모든 주민이 소멸되리라 하시도다(셀라)

내가 오만한 자들에게 오만하게 행하지 말라 하며 악인들에게 뿔을 들지 말라 하였노니

너희 뿔을 높이 들지 말며 교만한 목으로 말하지 말지어다

무릇 높이는 일이 동쪽에서나 서쪽에서 말미암지 아니하며 남쪽에서도 말미암지 아니하고

오직 재판장이신 하나님이 이를 낮추시고 저를 높이시느니라

(시 75:1-7)

    이것은 사람 및 땅과 하나님의 관계에 대한 아삽의 시편이다. 이것은 천년왕국 동안에 그리스도께서 오셔서 다스리시고 통치하실 것을 예언하는 노래이다.

    끝에서 두 번째 구절이 높이는 일에 대해 말하는데, 이것이 핵심적인 부분이다. 이 구절은 높이는 일이 동쪽에서나 서쪽에서 말미암지 아니하며 남쪽에서도 말미암지 아니하고 오직 하나님으로부터 온다고 말씀한다.

    거기에 한 방향이 빠진 것을 보라. 북쪽은 언급되지 않는다. 이것은 높이시는 하나님이 가장 북쪽 방향에 거하신다는 것을 암시한다. 이것은 흔한 문학 기법으로서, 어떤 것을 누락시켜서 요점을 제시하는 것이다. 동, 서, 남쪽이 있지만, 북쪽에는 하나님이 거하신다. 하나님의 올바른 판단은 그 방향에서 온다.

    북쪽의 중요성에 대한 다른 관련 구절들도 많다. 다른 구절은 이사야서에 있다. 그것은 천국에서 마귀가 떨어진 것과 관련된다.

너 아침의 아들 계명성이여 어찌 그리 하늘에서 떨어졌으며 너 열국을 엎은 자여 어찌 그리 땅에 찍혔는고
네가 네 마음에 이르기를 내가 하늘에 올라 하나님의 뭇 별 위에 내 자리를 높이리라 내가 **북극**(sides of the north) 집회의 산 위에 앉으리라

(사 14:12-13)

이 본문에서, 루시퍼가 하나님 자리를 차지하고 북극 집회의 산 위에 앉겠다고 말했다. 히브리어로 'sides'는 예레카로서, '뒤편, 뒤편 처소, 뒤편 몸통'을 의미한다.

간단히 말해서, 루시퍼는 천국 행성에서 영적 쿠데타를 시도하여, 우주의 북극의 뒤편에 눈길을 두었었다.

로테르담 번역은 13절을 이렇게 표현한다. "너는 네 마음속에서 말했다. '내가 하늘들에 오르리라. 하나님의 별들 위로 내 보좌를 높이리라. 내가 북쪽의 외진 곳, 하나님의 자리에 앉으리라.'"

J. B. 필립스의 번역은 이렇다. "내가 높은 곳에 보좌를 차리고 저 멀리 북쪽에서 다스리리라."

케네스 테일러의 의역 번역에서는 이렇게 선포한다. "네가 스스로에게 이렇게 말했기 때문이다. '내가 하늘에 올라 천사들을 다스리리라. 내가 가장 높은 보좌를 차지하리라. 내가 멀리 북쪽에 있는 집회의 산에서 다스리리라.'"

이 구절들을 결산해 보면, 천국의 위치에 대한 최고의 계산은 우주의 가장 북쪽 부분에 있는 천문학적 하늘이다. 천국은 우리 우주의 가장 북쪽 경계선 너머에 있을 가능성이 상당히 크다.

욥기의 마지막 구절은 이런 단서들과 더불어 흥미로운 유사한 점을 제공하는데, 그것은 과학자들이 최근 발견한 사실과 일치한다. 아마도

천국은 우리의 우주의 북쪽에서 발견된 거대한 블랙홀 너머에 위치한 것 같다.

> 그는 북쪽을 허공에 펴시며 땅을 아무것도 없는 곳에 매다시며
> (욥 26:7)

거대한 '블랙홀'이 우리 우주안에 존재하는 것으로 오랫동안 추측되었다가 최근에야 과학자들에게 확인되었다. 과학자들은 그 블랙홀 속으로 빛을 보낼 수는 있지만, 빛이 거기서 다시 나오지는 않는다는 것을 발견했다. 그 블랙홀은 지구에서 2,100만 광년 떨어진 은하계 안에 위치하며, 태양 4,000만 개에 해당하는 질량인 것으로 추산된다. 그것은 흥미로운 발견이다![1]

지옥과 거리가 멈

천국이 북쪽 어디에 있든, 매우 분명한 성경의 약속이 있다. 천국은 우주에서 마귀의 집인 지옥과 가장 먼 곳에 있다!

하나님께서 마귀의 쿠데타를 종식시키시고, 루시퍼가 '북극'에서 그토록 원하던 리더십을 지옥에서 갖게 하셨다!

> 너 아침의 아들 계명성이여 어찌 그리 하늘에서 떨어졌으며 너 열국을 엎은 자여 어찌 그리 땅에 찍혔는고
> 네가 네 마음에 이르기를 내가 하늘에 올라 하나님의 뭇 별 위에 내 자리를

---

[1] Hugh Ross, The Fingerprint of God 하나님의 지문 (Orange, CA: Promise Publishing Co., 1989), 180.

높이리라 내가 북극 집회의 산 위에 앉으리라

가장 높은 구름에 올라가 지극히 높은 이와 같아지리라 하는도다

그러나 이제 네가 스올 곧 구덩이 맨 밑에 떨어짐을 당하리로다

너를 보는 이가 주목하여 너를 자세히 살펴보며 말하기를 이 사람이 땅을 진동시키며 열국을 놀라게 하며

세계를 황무하게 하며 성읍을 파괴하며 그에게 사로잡힌 자들을 집으로 놓아 보내지 아니하던 자가 아니냐 하리로다

(사 14:12-17)

히브리어로 15절의 '맨 밑'은 예레카로서, 그것은 13절에서도 같다. 사탄이 북쪽의 가장 높은 부분, 천국의 뒷부분에 올라가려던 음모는 지옥 가장 낮은 곳으로 내려가는 것으로 대체되었다. 히브리어의 문자적 표현으로는 그곳을 '지옥의 뒤편'이라고 묘사한다!

즉 북쪽의 가장 높은 곳(하나님이 거하시는 곳)으로부터 지옥의 가장 낮은 곳까지의 거리를 생각해 보면, 루시퍼는 하나님으로부터 가장 멀리 떨어져 있게 될 것이다.

그러므로 천국 거주자들도 마귀와 가장 멀리 떨어져 있게 될 것이다! 천국에서는 슬픔, 아픔이나 질병, 가난이나 죽음이 없을 것이다. 그런 것들은 당신과 거리가 멀 것이다. 왜냐하면 그런 것들을 만들어내는 자가 쫓겨났기 때문이다. 그는 정말로 "번개처럼 하늘에서 떨어졌다"(눅 10:18 참조).

영원한 본향, 하나님의 천국, 우주의 북쪽에 있는 그곳을 기다리는 동안 그것을 기억하라. 하나님이 영원히 임재하시는 그곳을 생각하라. 그곳은 당신의 영혼의 원수로부터 멀리 떨어진 곳이다.

실로 그곳은 낙원이다!

4장
우리의 영화된 몸

천국이 실제 장소라는 것을 살펴본 후, 이제 우리는 천국에서 충만한 삶을 영위하는 실제 존재들이 있다는 것을 살펴볼 것이다. 사실, 그들은 바로 당신과 나와 같다!

천국 사회의 모델로 교회를 사용하시고, 천국이라는 장소의 모델로 지구 행성을 주셨다면, 또한 땅의 사람들을 영원한 존재들의 예표로 사용하시는 것이리라!

천국을 안개 같은 구름 속에서 희미한 유령이 떠다니는 것으로 생각하지 말라. 천국의 것들은 땅의 '예표'들보다 훨씬 더 실제적이고 영원하다는 것을 기억하라. 사실, 땅의 것들은 천국에 '정말 존재하는 실체'의 '그림자'이다 (히 8:5 참조).

즉 영적 존재들이 실제 몸을 가질 것이다. 당신이 아직 못 본다고 해서 그들이 존재하지 않는 것은 아니다. 한편, 그들의 외모는 비슷하지만, 기능은 완전히 다를 수 있다. 우리가 지상에서 갖는 임시 몸은 우리의 영원한 형체의 경이로움에 비하면 훨씬 더 제한적일 것이다.

제한된 차원

우리의 몸은 현재 이 땅에 제한되어 있다. 우리는 가로, 세로, 높이라는 우리가 흔히 아는 세 차원 안에서 임시로 산다.

그러나 우리의 영적 몸은 그 한계에 제한되지 않는다. 우리는 하나님이 존재하시는 모든 측면의 충만함 속에서 하나님과 더불어 삶을 누릴 수 있을 것이다.

"입자물리학에 따르면, 최소한 11차원이 존재한다. 그러나 과학자들은 그 차원들에 어떻게 접근하는지 모른다." 예수님은 영화된 몸으로 벽을 통과하실 수 있으셨다(요 10:19 참조). 과학자들은 개념적으로 그것이 6차원에서 가능하다고 말한다. 우리는 예수님과 같이 될 것이므로(빌 3:21 참조) 우리도 차원이 더해질 때의 자유를 알게 될 것이다. 하나님의 임재 안에서는 우리가 아는 11차원보다 훨씬 더 많은 차원이 있을 수도 있다!

영화된 몸의 모델

사도 바울은 우리의 영적인 몸, 혹은 영화된 몸이 어떻게 나타날지에 대하여 놀라운 통찰을 제시한다.

> 무익하나마 내가 부득불 자랑하노니 주의 환상과 계시를 말하리라
> 내가 그리스도 안에 있는 한 사람을 아노니 그는 십사 년 전에 **셋째 하늘에 이끌려 간 자라** (그가 몸 안에 있었는지 몸 밖에 있었는지 나는 모르거니와 하나님은 아시느니라)
> 내가 이런 사람을 아노니 (그가 몸 안에 있었는지 몸 밖에 있었는지 나는 모르거니와 하나님은 아시느니라)
> 그가 낙원으로 이끌려 가서 말로 표현할 수 없는 말을 들었으니 사람이 가히 이르지 못할 말이로다
> (고후 12:1-4)

그 사건이 바울에게 친히 일어났다. 그것은 그리스도를 전하다 돌에 맞아 죽었던 루스드라에서 일어났을 가능성이 크다. 제자들이 그의 시체 주변에 모여 기도할 때, 바울은 죽음에서 살아났다. 그가 죽었던 짧은 시간 동안, 바울이 하늘에 이끌려갔던 것으로 보인다.

자신이 어디 갔었는지에 대해 바울의 생각 속에 의문의 여지가 없었다는 점에 주목하라. 그는 '셋째 하늘' 혹은 하나님의 낙원에 이끌려 갔었다는 것을 분명히 알았다.

그러나 그 당시에 바울은 자신이 몸 안에 있는지, 몸 밖에 있는지 분별하지 못했다! 그는 그 차이를 몰랐다고 두 번 말한다. 그것은 우리의 영화된 몸이 외관상 매우 비슷하다는 것을 의미한다. 그가 구별할 수 없었기 때문이다!

바울이 천국에 있는 동안, 다른 영적 존재들과 접촉했음이 분명하다. 그는 그들이 어떻게 보이는지 보았을 것이다. 하나님께서 그런 만남을 주신 직접적 목적이 있음이 틀림없다. 비슷한 경험을 기록한 요한이나 다른 사람들의 경우도 그렇다.

바울이 그 당시에 자신이 몸 안에 있는지 몸 밖에 있는지 분별할 수 없었다는 것은 우리가 앞으로 어떤 모습일 것인가에 대한 많은 질문들에 대답해 준다.

추가적 성경 구절들을 통해, 우리가 보게 되는 사실은, 둘이 비슷하긴 하지만, 하늘의 몸, 혹은 영적인 몸이 훨씬 더 우월하다는 것이다. 또 우리의 불완전함이 제거될 것이다. 필시 당신은 지금보다 천국에서 더 나아 보일 것이지만, 당신이란 것을 알아볼 수 있을 것이다.

예수님처럼 됨

우리의 영화된 몸에 대한 가장 중요한 예는 의심의 여지없이 예수님이시다. 빌립보서에서는 우리의 죽을 몸이 "자기 영광의 몸의 형체"와 같이 변하게 하신다고 말씀한다(빌 3:21).

그러므로 부활 후 예수님의 몸에 대해 알 수 있는 특징들이 우리가 어떨지에 대한 통찰을 줄 수 있다. 빌립보서의 구절에서 우리는 알 수 있다. 우리가 죽거나 휴거되면 우리는 예수님처럼 변화될 것이다.

예수님이 부활 후 어떤 모습으로 나타나셨는지 요한복음에서 상세히 알려준다.

> 마리아는 무덤 밖에 서서 울고 있더니 울면서 구부려 무덤 안을 들여다보니 흰 옷 입은 두 천사가 예수의 시체 뉘었던 곳에 하나는 머리 편에, 하나는 발 편에 앉았더라
> 천사들이 이르되 여자여 어찌하여 우느냐 이르되 사람들이 내 주님을 옮겨다가 어디 두었는지 내가 알지 못함이니이다
> 이 말을 하고 뒤로 돌이켜 예수께서 서 계신 것을 보았으나 예수이신 줄은 알지 못하더라
> 예수께서 이르시되 여자여 어찌하여 울며 누구를 찾느냐 하시니 마리아는 그가 동산지기인 줄 알고 이르되 주여 당신이 옮겼거든 어디 두었는지 내게 이르소서 그리하면 내가 가져가리이다
> 예수께서 마리아야 하시거늘 마리아가 돌이켜 히브리 말로 랍오니 하니 (이는 선생님이라는 말이라)
> 예수께서 이르시되 나를 붙들지 말라 내가 아직 아버지께로 올라가지 아니하였노라

너는 내 형제들에게 가서 이르되 내가 내 아버지 곧 너희 아버지, 내 하나님 곧 너희 하나님께로 올라간다 하라 하시니

(요 20:11-17)

이 본문에서, 막달라 마리아가 예수님의 몸에 바를 향품을 가져왔을 때, 무덤이 비어 있는 것을 발견한다. 우리는 예수님이 부활하셨다는 것을 알지만, 마리아는 어쩔 줄 몰라서 엉엉 운다. 마리아는 동산지기가 예수님을 옮겼다고 생각하고, 예수님의 시체를 어디서 찾을 수 있을지 모른다.

그때 마리아가 몸을 돌리자, 한 사람이 서있는 것을 본다. 처음에 마리아는 그 사람이 예수님이 아니라 동산지기라고 생각한다. 사실 그 사람은 주님이셨지만, 왜 마리아가 예수님을 못 알아봤는지에 대한 몇 가지 이유를 생각해 볼 수 있다.

마리아가 울며 허둥대는 상태여서 못 알아봤을 수 있다. 또 마리아는 동산지기일 거라고 예상하고 있어서 그를 쳐다보지 않았거나, 동산지기 외의 다른 사람으로 생각하지 않았을 수 있다.

또 다른 요소는 그 당시에 여자가 말하면서 남자의 얼굴을 쳐다보는 것이 사회적으로 허락되지 않았다는 것이다. 아마 마리아는 거기 서 있는 남자를 흘깃 쳐다보지도 않았을 것이다.

마지막으로 가능성은 더 적지만, 이런 이유가 있다. 예수님께서는 흘리신 피를 하늘의 제단에 바치려고 아직 승천하지 않으셨다. 그래서 그 시점에서 예수님은 좀 달라 보이셨을 수 있다.

여하튼 한 가지 결론은 분명하다. 마리아는 예수님을 만날 것이라는 기대를 하지 않았다. 그러나 마리아의 실수는 잠깐이었다. 예수님께서 이름을 부르시자 마리아는 "돌이켰다"(16절). 마리아는 예수님을 즉시 알아보았다.

마리아는 "랍오니", 혹은 "주님"이라고 불렀다. 예수님이 알아볼 수 있게 나타나셨던 것이 분명하다.

마리아가 예수님께로 달려가 포옹하려 했던 것으로 보인다. 예수님께서 이렇게 말씀하셨기 때문이다. "아직 나를 만지지 말거라. 하늘에 올라가 나의 피로 속죄하는 것을 아직 하지 않았다."

예수님께서 그것을 마리아에게 상세히 설명하셨다. 예수님의 아버지, 마리아의 아버지께로, 하늘로 올라가셔야 한다는 것을 자세히 설명하셨다. 그리고 나서 보고 들은 것을 제자들에게 말하러 가라고 명하셨다.

이 구절에서 많은 것이 분명해진다. 예수님은 유령이 아니라, 사람처럼 보이셨다. 예수님은 마리아가 볼 수 있는 몸을 가지셨다. 아직 아버지께로 올라가 완전히 영화된 몸을 받지 않으셨음에도 불구하고 말이다.

또한 예수님은 말씀하실 수 있고, 들으실 수 있었고, 보실 수 있으셨다. 예수님의 음성도 동일했다. 마리아가 쉽게 알아챘기 때문이다. 우리도 예수님처럼 된다면, 실제의 구체적 몸을 가지고 보고, 듣고, 말할 것이고, 다른 사람들이 그 몸을 만질 수도 있을 것이다.

다음의 구절들에서 천국에서 우리의 모습에 대해 더 많은 것을 추론할 수 있다.

예수님께서 마리아에게 하신 말씀에 따르면, 예수님은 몸이 만져지길 원하지 않으셨다. 왜냐하면 승천하셔서 시은좌에 마지막 희생의 피를 바침으로써 영화된 몸을 받으셔야 했기 때문이다. 성경은 예수님께서 그것을 그 날 이루셨다고 암시한다. (즉 천국에 그렇게 빨리 갈 수 있다!)

이 날 곧 안식 후 첫날 저녁 때에 제자들이 유대인들을 두려워하여 모인 곳의 문들을 닫았더니 예수께서 오사 가운데 서서 이르시되 너희에게 평강이 있을지어다

이 말씀을 하시고 손과 옆구리를 보이시니 제자들이 주를 보고 기뻐하더라

(요 20:19-20)

예수님께서 다시 오셨을 때, 벽과 닫힌 문을 통과하셔서 제자들에게 나타나셨다. 그는 우리가 아는 차원을 초월하셨지만, 친구들에게 나타나셨을 때, 여전히 예수님으로 인식될 수 있는 상태이셨다!

누가복음에 있는 예수님의 또 다른 등장이 그것을 더욱 더 확증해 준다. 상황은 엠마오로 가는 길 위였으며, 부활 네 시간 후였다. (성경은 천국 왕복에 두 시간 정도가 걸린다고 암시한다!)

예수님께서 길에서 두 사람에게 나타나신다. 예수님을 알아본 후에 그들은 예루살렘으로 급히 가서 제자들에게 그 만남을 알린다. 그들이 그 말을 하기 시작했을 때, 예수님이 갑자기 실내에 나타나셨다. 제자들이 유대인을 두려워하여 잠가놓은 문을 통과하신 것이다.

이 말을 할 때에 예수께서 친히 그들 가운데 서서 이르시되 너희에게 평강이 있을지어다 하시니
그들이 놀라고 무서워하여 그 보는 것을 영으로 생각하는지라

(눅 24:36-37)

녹스 번역에는 이렇다. "그들은 유령을 보고 있다고 생각했다."
웨이멋 번역은 이렇다. "그들은 깜짝 놀라서 유령을 보고 있다고 생각했다."
그러나 다음 구절에서는 이렇게 말씀한다.

예수께서 이르시되 어찌하여 두려워하며 어찌하여 마음에 의심이 일어나느냐

내 손과 발을 보고 나인 줄 알라 또 나를 만져 보라 영은 **살과 뼈가 없으되 너희 보는 바와 같이 나는 있느니라**
이 말씀을 하시고 손과 발을 보이시나

(눅 24:38-40)

다시 말해서, 예수님은 이렇게 말씀하신 것이다. "정말 나다. 나는 유령이 아니다. 나를 보거라. 나를 만지거라." 39절의 "만지다"는 헬라어로 프셀라파오로서, "접촉하다", 혹은 "느끼다"를 의미한다. 예수님께서 제자들에게 초청하셨다. "느껴보고, 만져보고, 내가 진짜라는 것을 알거라. 유령은 나처럼 육체와 뼈가 없다."

헬라어로 '살'은 사르크스로서, '피부'를 의미한다. '뼈'는 오스테온으로서, '골격'을 의미한다. 예수님은 자신이 유령이 아니라는 것을 매우 분명히 밝히신다. 유령은 뼈나 피부가 없기 때문이다.

제자들이 여전히 놀라고 있어서 예수님께서 우리의 영화된 몸의 실체에 대한 심화 증거를 제시해 주신다.

그들이 너무 기쁘므로 아직도 믿지 못하고 놀랍게 여길 때에 이르시되 여기 무슨 먹을 것이 있느냐 하시니
이에 구운 생선 한 토막을 드리니
받으사 그 앞에서 잡수시더라
또 이르시되 내가 너희와 함께 있을 때에 너희에게 말한 바 곧 모세의 율법과 선지자의 글과 시편에 나를 가리켜 기록된 모든 것이 이루어져야 하리라 한 말이 이것이라 하시고
이에 그들의 마음을 열어 성경을 깨닫게 하시고

> 또 이르시되 이같이 그리스도가 고난을 받고 제삼일에 죽은 자 가운데서 살아날 것과
>
> (눅 24:41-46)

예수님은 자비로우셔서 자신이 영이 아니시라는 궁극적 증거를 제시해 주셨다. 그는 먹을 것을 달라고 하셨다. 영은 먹지 않는다!

간단히 말해서, 주님은 자신이 실제라는 것을 증명하시려고 많은 수고를 기울이셨다. 주님은 하늘에 속한 몸이 진짜라는 것을 증명하셨다. 우리도 주님의 형상으로 화한다는 약속을 가지고 있다!

즉 우리도 이 땅의 육체의 한계로부터 영광스럽게 자유로워질 것이다. 그것이 하나님의 의도이다.

> 그러나 우리의 **시민권**은 하늘에 있는지라 거기로부터 구원하는 자 곧 주 예수 그리스도를 기다리노니
> 그는 만물을 자기에게 복종하게 하실 수 있는 자의 역사로 우리의 낮은 몸을 자기 영광의 몸의 형체와 같이 변하게 하시리라
>
> (빌 3:20-21)

우리의 참된 '시민권'은 하늘에 있다! 이 단어가 이 본문에 나온다. 헬라어로 폴리튜마는 '공동체, 읍, 혹은 시민권'이다. (정치가라는 단어가 여기서 나온다. 정치가는 시민을 대표한다.)

여기서 사도 바울이 우리에게 말하고 있다. 우리에 대한 하나님의 최고의 의도는 하나님의 자녀들이 '천국 시민'이 되는 것이다. 우리의 참 시민권은 천국에 있다! 우리는 영광과 자유 안에서 천국의 참된 시민으로

보일 것이고 그렇게 행동할 것이다!

모팻 번역은 이렇다. "우리는 천국 주민이다."

웨이멋 번역은 이렇다. "우리는 하늘의 자유로운 시민들이다."

헬라어-영어 굿스피드 번역은 이렇다. "우리가 속한 연방은 하늘이다."

즉 우리의 참된 종착지는 이렇다. "우리의 구주, 주 예수 그리스도의 오심을 기다리며 하늘을 바라볼 때, 그가 우리를 그의 영화로운 몸처럼 변화시키셔서 하늘 시민으로 영원히 살게 하실 것이다!"

변모

천국 시민이 되려면 우리의 외모가 변화되어야 한다(고전 15:51-55 참조). 헬라어로 '변화'는 '그림 단어'이다. 그림 단어는 헬라인들이 어떤 정의를 시각적으로, 극적으로 설명하기 위해 사용하던 기법이다.

'변화'는 메타스케마티조로서, '모양이 변하다' 혹은 '상태의 변화'를 의미하지만, 총체적 변모는 아니다. 이 그림 단어는 정원과 그 안에서 일어날 수 있는 변화이다.

예를 들어, 작년에 옥수수와 콩을 정원에 심었다고 하자. 그러나 올해에는 옥수수, 콩, 호박을 심었을 수 있다. 즉 계획, 혹은 메타스케마티조를 바꿨지만, 구조는 여전히 정원이다.

그럴 때 사람들이 당신을 보고 왜 정원을 없앴냐고 하지 않는다. 그들은 그것이 정원임을 여전히 인식한다. 좀 바뀌었지만 말이다. 우리의 몸의 변화를 하나님의 말씀이 그렇게 묘사한다.

메타모르푸스, 혹은 '변질'이라는 단어가 아님에 주목하라. 그것은 '한 상태에서 다른 상태로의 변화하는 과정'을 의미한다. 거기서 나온 영어 단어가 본질의 완전한 변화를 의미하는 메타모르포시스이다. 그것은 '우리의 자연적 생각을 새롭게 하는 것'에 대해 말씀하는 로마서에 나온다(롬 12:2).

메타모르푸스는 완전히 다른 개념이다. 메타모르푸스는 정원을 갈아엎어 운동장으로 만드는 식을 의미한다. 그것은 그런 유형의 변질이다.

그러나 우리의 자연적 몸이 변화되는 것은 그런 것이 아니다. 하나님께서 당신을 '갈아엎으셔서' 완전히 다른 것으로 만들지 않으신다. 그것이 아니라, 하나님께서는 당신을 메타스케마티조하신다. 당신의 얼개를 좀 바꾸신다. 그가 당신의 정원에 뭔가 더하신다. 그가 당신에게 차원을 추가하신다.

당신은 여전히 당신일 것이지만, 영광스럽게 개선될 것이다. 그가 "우리의 낮은 몸을 자기 영광의 몸의 형체와 같이(that it may be fashioned like) 변하게 하실 것이다"(빌 3:21 하반절). 헬라어로 'fashion'은 수모르포스로서, '형성하다, 혹은 비슷하게 만들다'를 의미한다.

NEB에서는 이렇게 번역한다. "그의 눈부신 몸이나 형태와 같은 형태를 우리의 몸에 주신다."

테일러 의역은 우리의 몸을 "그의 몸과 같은 영광스러운 몸으로 변화시킨다"고 표현한다.

확대 성경에서는 이렇게 말씀한다.

"우리의 부끄러운 몸을 새롭게 형성해 그의 영광과 위엄의 몸과 같이 되게 하신다. 모든 것을 그 자신에게 굴복시키게 하시는 그 능력을 행사하심으로써 그렇게 하신다."

이 모든 것은 우리가 그와 같이 된다는 것을 의미한다! 우리는 진정한 외모를 가질 것이다. 우리의 영화된 몸은 피부와 뼈를 가질 것이다. 우리는 걷고, 말하고, 보고, 듣고, 맛보고, 만지고, 냄새를 맡을 것이다. 우리는 먹고 마실 것이다.

우리는 천국에서 진짜 사람들을 보고, 그들을 만지고, 그들을 인식하고, 그들의 음성을 들을 것이다. 우리는 천국 시민으로서 아무 가려진 것이나 방해 없이 하나님과 영원히 살 것이다.

그러나 진짜 천국에는 그 이상이 있다!

우리가 영광 속에서 우리 자신으로 보일 것이라는 것이 얼마나 놀라운 발견인가. 우리가 어떻게 변화될지에 대해 좀더 알 수 있는 것이 있는가?

고린도전서의 중요한 구절이 많은 미스터리를 풀어준다.

누가 묻기를 죽은 자들이 어떻게 다시 살아나며 어떠한 몸으로 오느냐 하리니 어리석은 자여 네가 뿌리는 씨가 죽지 않으면 살아나지 못하겠고
또 네가 뿌리는 것은 장래의 형체를 뿌리는 것이 아니요 다만 밀이나 다른 것의 알맹이뿐이로되
하나님이 그 뜻대로 그에게 형체를 주시되 각 종자에게 그 형체를 주시느니라
육체는 다 같은 육체가 아니니 하나는 사람의 육체요 하나는 짐승의 육체요 하나는 새의 육체요 하나는 물고기의 육체라
하늘에 속한 형체도 있고 땅에 속한 형체도 있으나 하늘에 속한 것의 영광이 따로 있고 땅에 속한 것의 영광이 따로 있으니
해의 영광이 다르고 달의 영광이 다르며 별의 영광도 다른데 별과 별의 영광이 다르도다
죽은 자의 부활도 그와 같으니 **썩을 것으로 심고 썩지 아니할 것으로 다시 살아나며**
욕된 것으로 심고 영광스러운 것으로 다시 살아나며 약한 것으로 심고 강한

것으로 다시 살아나며

육의 몸으로 심고 신령한 몸으로 다시 살아나나니 육의 몸이 있은즉 또 영의 몸도 있느니라

기록된 바 첫 사람 아담은 생령이 되었다 함과 같이 마지막 아담은 살려 주는 영이 되었나니

그러나 먼저는 신령한 사람이 아니요 육의 사람이요 그 다음에 신령한 사람이니라

첫 사람은 땅에서 났으니 흙에 속한 자이거니와 둘째 사람은 하늘에서 나셨느니라

무릇 흙에 속한 자들은 저 흙에 속한 자와 같고 무릇 하늘에 속한 자들은 저 하늘에 속한 이와 같으니

우리가 흙에 속한 자의 형상을 입은 것 같이 또한 하늘에 속한 이의 형상을 입으리라

형제들아 내가 이것을 말하노니 혈과 육은 하나님 나라를 이어 받을 수 없고 또한 썩는 것은 썩지 아니하는 것을 유업으로 받지 못하느니라

보라 내가 너희에게 비밀을 말하노니 우리가 다 잠 잘 것이 아니요 마지막 나팔에 순식간에 홀연히 다 변화되리니

나팔 소리가 나매 죽은 자들이 썩지 아니할 것으로 다시 살아나고 우리도 변화되리라

이 썩을 것이 반드시 썩지 아니할 것을 입겠고 이 죽을 것이 죽지 아니함을 입으리로다

이 썩을 것이 썩지 아니함을 입고 이 죽을 것이 죽지 아니함을 입을 때에는 사망을 삼키고 이기리라고 기록된 말씀이 이루어지리라

사망아 너의 승리가 어디 있느냐 사망아 네가 쏘는 것이 어디 있느냐

사망이 쏘는 것은 죄요 죄의 권능은 율법이라

우리 주 예수 그리스도로 말미암아 우리에게 승리를 주시는 하나님께 감사하노니 그러므로 내 사랑하는 형제들아 견실하며 흔들리지 말고 항상 주의 일에 더욱 힘쓰는 자들이 되라 이는 너희 수고가 주 안에서 헛되지 않은 줄 앎이라

(고전 15:35-58)

녹스 번역에서 35절을 이렇게 표현한다. "그들이 나타날 때 어떤 종류의 몸을 입을까?"

이 질문들이 모든 것을 다루고 있다. 우리는 어떤 모습일까? 우리는 어떤 피부색일까? 어떤 인종, 어떤 크기, 어떤 국적을 가질까? 36, 37절에 단순한 대답이 숨겨져 있다. 밀을 심으면 밀이 죽어서 밀로 부활한다. 배추가 아니라 밀이 나온다.

우리는 생물학을 통해 밀 안에 코드가 있어서 밀이 되며, 이삭이 죽어도 그것이 변하지 않는다는 것을 안다. 그 전에 있던 것이 다시 나온다.

그 "심고 거두는" 법칙을 하나님이 정하셨다. 심은 것을 거둔다(갈 6:7 참조). 이 원리는 영원히 멈추지 않는다. 즉 당신이 죽으면 당신으로 부활할 것이다. 당신은 영화될 것이고 새롭게 추가된 차원 속에서 작동할 수 있지만, 여전히 당신이다!

38절에 주목하라. 이 구절은 사람을 씨와 비교한다. 모든 씨가 "자기의 몸"을 갖는다고 말한다. 그 진리는 환생에 대한 오해를 불식시킨다!

당신이 천국에 갈 때, 하나님께서 당신이 거할 몸의 유형을 바꾸지 않으신다. 사람이나 종을 독단적으로 바꾸지 않으신다. 하나님은 조직적인 분이셔서 그런 우매함을 행하지 않으신다. 더구나, 당신을 친히 창조하실 때 가지셨던 그 친밀함을 버리실 분이 아니시다.

간단히 말해서, 당신은 천국의 영생으로든, 혹은 지옥의 영원한 삶으로든, 당신으로서 부활할 것이다. 당신은 다른 몸으로 살 다른 기회를 갖지 않을 것이다! "한 번 죽는 것은 사람에게 정해진 것이요 그 후에는 심판이 있으리니"(히 9:27).

이디오스 자아

어떤 사람은 "부활하여 우리가 몸을 받으면, 전과 똑같아 보일까요?"라고 질문할 것이다.

자신의 몸이라고 할 때, 헬라어로 '자신의'는 이디오스로서, '자기 정체성에 관련된 것', '고유한 당신을 만드는 것', 혹은 '개인적인 당신'을 의미한다.

따라서 당신이 영광으로 부활할 때, '고유한 당신'을 만드는 요소들은 똑같이 남아 있을 것이다. 그것은 피부색, 크기, 형태, 특징, 특질, 외모, 현재의 성을 포함한다. 그러나 중요하고 놀라운 차이도 있을 것이다.

특정 신체적 장애는 영화된 몸으로 옮겨지지 않을 것이다. 만일 현재 당신이 다리를 전다면, 영화된 몸에서는 다리를 절지 않을 것이다. 만일 지금 당신에게 시각 장애가 있다면, 그 날에는 시각 장애가 없을 것이다. 만일 지금 당신의 몸이 200파운드 과체중이라면, 당신의 영화된 몸에서는 그렇지 않을 것이다.

그것을 어떻게 알 수 있는가? 말씀에서 우리가 이디오스, 혹은 알맞은 자아로 부활할 것이라고 알려주신다. 그 문자적 의미는 알맞은 질서 속의 당신의 '자아'이다. 그것이 개인적으로 당신에게 의미하는 것은 다양할 수 있다. 거기서 추론되는 것은 당신이 하나님의 영원한 차원 속에 들어가면, 당신 자신의(이디오스) 차원 안에서 적합하도록 변화된다는 것이다.

우리 각 사람이 영화된 몸을 누릴 것이다. 그것은 알맞은 질서 속의 알맞은 자아, 흠 없이 부활한 자아이다. 그러나 그것은 여전히 당신일 것이다. 머리카락과 눈의 색깔에 이르기까지 말이다. 그래서 '고유한 당신'일 것이다.

모든 족속과 나라

또한 당신이 어떤 인종이나 피부색이든, 하나님께서 원래 창조하신 아름다움으로 부활할 것이다.

예수님께서 제자들에게 다시 나타나셨을 때, 올리브 같은 갈색 피부이셨다. 여전히 유대인 남자로 나타나셨고, 그렇게 보이셨다. 제자들이 예수님의 피부를 살펴봤다. 제자들은 예수님의 피부를 만졌다. 그들은 그분이 예수님이시라는 것을 알았다. 예수님은 그전과 똑같아 보이셨다!

지금 지상에서처럼, 천국에도 모든 민족이 있을 것이다.

그들이 새 노래를 불러 이르되 두루마리를 가지시고 그 인봉을 떼기에 합당하시도다 일찍이 죽임을 당하사 각 족속과 방언과 백성과 나라 가운데에서 사람들을 피로 사서 하나님께 드리시고

(계 5:9)

헬라어로 '족속'은 퓰로서, '인종' 혹은 '씨족'을 의미하며, 헬라어로 '나라'는 에트노스로서, '인종들' 혹은 '부족들'을 의미한다. 그것은 천국에 모든 나라, 인종, 부족, 씨족의 사람들이 있을 것임을 의미한다.

하나님께서 처음부터 그렇게 다양하게 창조하신 것을 즐거워하셨듯이, 천국에서도 그 즐거움을 잃지 않으실 것이다! 그러나 하나님의 놀라운

통치와 변화의 능력 때문에 천국에는 편견이 없을 것이다. 인종으로 인한 갈등이 없을 것이다. 왜냐하면 모든 인종과 민족이 서로 알맞은 질서 속에 있을 것이기 때문이다.

알맞은 연령

천국에서 우리는 모든 것이 '알맞게' 되거나 혹은 이디오스 자아가 되기 때문에 어떤 나이로 보인다고 결론을 내릴 수 있을까? 여기서도 이디오스라는 단어가 도움을 준다.

우리가 정확히 어떤 나이가 될지 단정하기는 어려워도 이디오스 자아는 우리가 알맞게 성숙한 나이가 될 것임을 암시해 준다. 대부분의 사람들에게 그 나이는 30세 정도이겠지만, 사람마다 약간씩 다를 것이다.

이 생각을 지지해 주는 성경의 두 가지 우선적인 예가 있다. 우리는 하나님께서 처음 아담을 창조하셨을 때, 아담이 성숙했거나 약 30세 정도였다는 것을 안다. 하나님께서 그를 '알맞게' 혹은 그가 되어야 할 모습대로 이상적으로 만드셨고, 그것이 "좋다고" 말씀하셨다. (창 1:26-31 참조). 아담은 완전하고 흠이 없이 창조되었다. 그는 성숙했다. 헬라어로 '완전하다'는 '온전히 성숙했다'는 의미를 내포한다.

또 다른 징후는 예수님이시다. 주님이 30세에서 33세 사이에 죽으시고 영화된 몸을 받으셨다. 하나님의 아들을 통한 하나님의 영원한 목적에 따르면, 그때가 예수님이 알맞게 성숙한 자아를 가지신 때였다.

이미 살펴보았듯이, 우리의 몸은 예수님의 영화로운 몸처럼 변화될 것이다(수모르포스 혹은 '비슷한', 빌 3:21 참조). 그렇다면 우리의 나이도 주님과 비슷할 것이라는 것이 타당하다. 압도적 증거는 우리도 '30대'가 될 것임을 제시한다.

마리 폭스의 이야기를 생각해 보자. 그녀의 개인적 경험은 이런 생각을 크게 지지해 준다.

"나는 아홉 살에 부모님을 교통사고로 잃었다. 힘든 상황 속에서도 하나님께서는 내가 어른이 될 때까지 숙모나 나를 사랑하는 사람들을 통해 내게 가정을 주셨다.

나의 10대 시절에 젤라라는 이름의 특별한 여성이 있었는데 그녀는 우리 교회의 목사님 사모님이었다. 그분은 내게 엄마 같았고, 지금도 내 가슴속의 특별한 자리에 있다. 나는 열여덟 살 때 그분의 집에 살게 되었다.

그때 젤라가 천국에 대한 꿈을 꿨다. 꿈속에서 젤라는 죽은 것이 아니라, 휴거되었다. 천국을 거닐며, 그녀는 엄청난 잔치 테이블이 말할 수 없이 아름다운 꽃들과 싱싱한 식물들로 준비되어 있는 것을 보았다.

그녀가 아는 사람이 있는지 주변을 둘러볼 때, 그녀가 모르는 한 커플이 다가왔다. 그들은 젤라에게 '감사해요, 오, 감사해요'라고 말하며 그녀를 포옹했다. 젤라는 무엇이 감사한지 물었다. 여자가 대답했다. '저희 마리를 돌봐주셔서 감사해요.'

젤라는 그 꿈을 얘기하면서 나의 부모님의 모습을 묘사했다. 그녀가 한 번도 못 본 나의 부모님을 얼마나 정확하게 묘사하는지 나는 놀랐다! 엄마, 아빠가 살아계셨다면, 40대 중반이셨겠지만, 젤라는 그들을 젊은 '30대'로 묘사했다. 그것은 부모님이 돌아가신 나이였다!"

영원한 몸

우리의 몸의 실체는 무엇일까? 어떤 종류의 육체일까? 하나님의 말씀은 상당히 구체적이다.

> **하늘에 속한 형체도 있고 땅에 속한 형체도 있으나** 하늘에 속한 것의 영광이 따로 있고 땅에 속한 것의 영광이 따로 있으니
> 해의 영광이 다르고 달의 영광이 다르며 별의 영광도 다른데 별과 별의 영광이 다르도다
> 죽은 자의 부활도 그와 같으니 썩을 것으로 심고 썩지 아니할 것으로 다시 살아나며 욕된 것으로 심고 영광스러운 것으로 다시 살아나며 약한 것으로 심고 강한 것으로 다시 살아나며
>
> (고전 15:40-43)

하나님께서 두 종류의 형체를 만드셨다. '하늘에 속한' 형체와 '땅에 속한' 형체이다. 그것은 단순히 '하늘의' 혹은 '땅의'를 의미한다. 확대성경으로 보면 좀더 이해하기 쉽다.

> 하늘에 속한 형체(해, 달, 별들)도 있고 땅에 속한 형체(사람, 동물, 식물)도 있으나 하늘에 속한 것의 영광이 따로 있고 땅에 속한 것의 영광이 따로 있으니
> 해의 영광이 다르고 달의 영광이 다르며 별의 영광도 [뚜렷이] 다른데 별과 별의 영광이 다르도다
> 죽은 자의 부활도 그와 같으니 [몸을] 썩을 것으로 심고 [몸이] 썩지 아니할 (부패하지 않고, 죽지 않는) 것으로 다시 살아나며
> 욕된 것으로 심고 영광스러운 것으로 다시 살아나며 약한 것으로 심고 강한 것으로 다시 살아나며
>
> (고전 15:40-43[확대성경])

얼마나 놀라운 약속인가! 우리의 영원한 몸의 영광에 대해 우리는 확신하며 기대할 수 있다!

> 육의 몸으로 심고 신령한 몸으로 다시 살아나나니 육의 몸이 있은즉 또 영의 몸도 있느니라
> 기록된 바 첫 사람 아담은 생령이 되었다 함과 같이 마지막 아담은 살려 주는 영이 되었나니
> 그러나 먼저는 신령한 사람이 아니요 육의 사람이요 그 다음에 신령한 사람이니라
> (고전 15:44-46)

확대 성경으로는 이렇다.

> 육의 (물리적) 몸으로 심고 신령한 (영적) 몸으로 다시 살아나나니 육의 몸이 있은즉 또 [그것과 마찬가지로 확실하게] 영의 몸도 있느니라
> 기록된 바 첫 사람 아담은 생령 (개인적 인격)이 되었다 함과 같이 마지막 아담 (그리스도)은 살려 주는 영이 되었나니 [죽은 자들을 생명으로 회복시키나니]
> 그러나 먼저는 신령한 사람이 아니요 육의 사람이요 그 다음에 신령한 사람이니라
> (고전 15:44-46[확대성경])

아주 간단히 말해서, 즉 우리는 영적으로 태어나기 전에 물리적으로 태어난다. 우리의 두 번째, 혹은 영적 탄생은 우리에게 하늘의 외모를 준다.

첫 사람은 땅에서 났으니 흙에 속한 자이거니와 둘째 사람은 하늘에서 나셨느니라
무릇 흙에 속한 자들은 저 흙에 속한 자와 같고 무릇 하늘에 속한 자들은 저 하늘에 속한 이와 같으니
우리가 흙에 속한 자의 형상을 입은 것 같이 또한 **하늘에 속한 이의 형상을 입으리라**

(고전 15:47-49)

이번에도 확대 성경으로 살펴보자.

첫 사람은 땅에서 났으니 흙(땅의 사고방식)에 속한 자이거니와 둘째 사람은 하늘에서 나셨느니라
무릇 흙에 속한 자들은 저 흙에 속한 자와 같고 (땅의 사고방식을 가졌고) 무릇 하늘에 속한 자들은 저 하늘에 속한 이와 같으니 (하늘의 사고방식을 가졌으니)
우리가 흙에 속한 자의 형상을 입은 것 같이 또한 하늘에 속한 이의 형상을 입으리라

(고전 15:47-49[확대성경])

아버지의 형상

우리가 어떤 하늘의 형상을 가질까?
49절의 '형상(image)'이라는 단어는 헬라어로 에이콘으로서, '닮음, 상태, 윤곽을 그리다'를 의미하며, 또한 '모델이 되다'도 의미한다. 에이콘은 '부모를 닮았다'도 의미한다. 이 헬라어 단어의 의미를 가장 잘 묘사하는 그림 단어가 있다. 이 그림 단어는 통속적이지만 매우 잘 묘사해 준다.

그것은 '아버지를 빼닮다'를 의미한다!

그것은 에이콘을 가장 정확하게 정의하며, 엄청난 하늘의 진리를 모델로 보여준다. 우리가 흙으로 만들어진 첫 사람, 아담의 모델을 따랐듯이, 하늘에서 오신 사람, 두 번째 아담, 예수님이 또 우리의 모델이 될 것이다!

이 구절의 헬라어 본문은 이렇다. "우리가 그의 모습을 닮자." 간단히 말해서, "예수님의 형상을 빼닮자!"이다.

녹스 번역은 이렇다. "땅의 흔적을 가졌던 우리가 이제는 하늘의 흔적을 갖자."

하나님의 형상을 영원히 갖다니 얼마나 놀라운 특권이요 약속인가! 우리가 여기 이 땅 위에 있는 동안, 우리는 첫 아담의 형상을 가져왔다. 우리는 그처럼 보인다. 그러나 우리의 앞으로의 영적 몸과 형상에는 두 번째 아담, 예수님의 형상이 영원할 것이다!

예수님께서 "너희가 나를 알았더라면 내 아버지도 알았으리로다"(요 14:9 참조)라고 말씀하셨듯이, 우리 각자도 그것을 말할 수 있게 될 것이다. 당신은 하나님의 자랑스러운 자녀로서 말할 것이다. "나는 아버지를 빼닮았어. 나는 아버지를 닮았어. 나는 아버지의 모습을 가지고 있어."

하나님의 모습만이 아니라, 우리가 부활할 때 하나님의 영광도 가질 것이다(고전 15:43). 우주 전체와 그 안의 모든 존재가 우리가 누구인지 알 것이다. 우리가 하나님의 자녀임이 우리 외모에 나타날 것이다. 이것은 가장 아름다운 천사조차도 넘볼 수 없는 특권이다!

가늠할 수 없는 사랑

우리가 하늘 아버지의 형상을 지니도록 부름 받았다는 이 진리는 훨씬 더 뛰어난 경이로움을 계시한다. 그것은 아버지의 끝없는 사랑의 마음이다.

하나님 아버지께서는 하나님 자신을 나눌 아들딸들을 너무나 원하셔서 그것을 위해 온 우주를 창조하셨다. 단지 진흙을 빚어 생명을 불어넣어 사람을 창조하시는 문제가 아니었다(창 2:7 참조). 우리가 하나님의 생명과 사랑을 나눌 분위기를 조성하는 것이 하나님께 훨씬 더 관건이었다.

최근의 과학 연구는 온 우주가 지구를 지탱하여 생명이 존재할 수 있게 한다는 것을 증명하고 있다. 모든 행성, 모든 별, 모든 은하계의 모든 에너지, 중력, 가스, 원소들이 지구에 사람이 존재할 수 있도록 환경 조성에 여러 모로 기여한다.[1]

그런데 그 놀라운 창조 시에 하나님께 염두에 두신 단 하나의 목적이 있었다. 그것은 바로 당신을 갖는 것이었다! 당신은 하나님의 일시적 감정의 산물이 아니다. 우주의 시작 이래로 당신이 계획되었다. 하나님께서 당신을 하나님의 자녀로 선택하셨다.

땅에서 최고의 아버지라도 진짜이신 하나님 아버지의 그림자에 불과하다. 우리가 아무리 상상해도 우리에 대한 하나님 아버지의 사랑과 갈망의 깊이를 이해하는 데 다가갈 수 없다.

당신이 자녀이므로 하나님 아버지께서는 당신을 있는 그대로 사랑하시고 받아들이신다. 그것에 관해 하나님께서는 아무 것도 바꾸지 않으시지만, 단 한 가지를 더하신다. 즉 당신이 하나님의 형상을 갖게 하신다!

당신이 받을 영화된 몸은 하나님의 정체성을 당신과 나누기 원하시는 사랑의 아버지의 궁극적 선물이다. 그것은 성경이 "아바 아버지"(롬 8:15)라고

---

[1] Hugh Ross, videotape lecture "Reasons to Believe" 비디오 강의 "믿을 이유들" (P.O. Box 5978, Pasadena, CA 91117); also Hugh Ross, Creation and Time 창조와 시간 (Oxnard, CA: Navpress, 1994), 141.

부르는 아버지의 선물이다. 그것은 사랑의 아버지의 선물이다. 그 아버지께서는 부끄러움 없이 말씀하신다. "나는 내 자녀가 나를 닮기를 원한다!" 그래서 우리는 그렇게 될 것이다!

그 얼마나 놀라운 날일까!

보라 아버지께서 어떠한 사랑을 우리에게 베푸사 하나님의 자녀라 일컬음을 받게 하셨는가, 우리가 그러하도다 그러므로 세상이 우리를 알지 못함은 그를 알지 못함이라
사랑하는 자들아 우리가 지금은 하나님의 자녀라 장래에 어떻게 될지는 아직 나타나지 아니하였으나 그가 나타나시면 우리가 그와 같을 줄을 아는 것은 그의 참모습 그대로 볼 것이기 때문이니
주를 향하여 이 소망을 가진 자마다 그의 깨끗하심과 같이 자기를 깨끗하게 하느니라

(요일 3:1-3)

우리가 영원한 존재로서 어떻게 보이고 기능할지 아는 것은 대단하다. 또 하나님의 모습에 대해 배우는 것도 신난다!

예수님께서 요한복음에서 놀라운 말씀을 하셨다. "나를 본 자는 아버지를 보았거늘"(요 14:9 참조). 그것은 하나님 아버지께서도 보이고 만질 수 있는 영화된 몸을 가지신다는 뜻일까?

이 질문이 더 의미심장한 것은 하나님 아버지께서는 아들처럼 물리적 형태로 이 지구 상에 태어나지 않으셨기 때문이다. 아들께서는 육체가 되셔서 우리 중에 거하셨지만, 하나님 아버지는 그러지 않으셨다.

또한 하나님 아버지는 지상에서 죽지도 않으셨다. 그것은 하나님이 비유적이시라는 뜻인가? 아니면 하나님은 실재하시는가?

성경에서는 하나님께서 이 행성에 몸의 형체로 사람에게 나타나셨던 44번 이상의 경우를 보여준다. 그것은 신성의 한 부분이시며 육체가 되셔서 우리 중에 거하셨던 예수님 전이었다.

여기에 핵심적인 예가 있다.

여호와께서 마므레의 상수리나무들이 있는 곳에서 아브라함에게 나타나시니라 날이 뜨거울 때에 그가 장막 문에 앉아 있다가
눈을 들어 본즉 사람 셋이 맞은편에 서 있는지라 그가 그들을 보자 곧 장막 문에서 달려나가 영접하며 몸을 땅에 굽혀

이르되 **내 주여** 내가 주께 은혜를 입었사오면 원하건대 종을 떠나 지나가지 마시옵고

물을 조금 가져오게 하사 당신들의 발을 씻으시고 나무 아래에서 쉬소서

내가 떡을 조금 가져오리니 당신들의 마음을 상쾌하게 하신 후에 지나가소서

당신들이 종에게 오셨음이니이다 그들이 이르되 네 말대로 그리하라

아브라함이 급히 장막으로 가서 사라에게 이르되 속히 고운 가루 세 스아를 가져다가 반죽하여 떡을 만들라 하고

아브라함이 또 가축 떼 있는 곳으로 달려가서 기름지고 좋은 송아지를 잡아 하인에게 주니 그가 급히 요리한지라

아브라함이 엉긴 젖과 우유와 하인이 요리한 송아지를 가져다가 그들 앞에 차려 놓고 나무 아래에 모셔 서매 그들이 먹으니라

(창 18:1-8)

이 본문에서 하나님께서 아브라함에게 '사람으로' 나타나셨다. 하나님이 사람이라는 말이 아니라, 하나님이 아브라함에게 사람처럼 **보였다**는 것이다. 성경에서 하나님이 사람의 차원에 나타나실 때마다 사람으로 나타나신다. 즉 그것은 예수님이 나타나실 때의 물리적 몸처럼 진짜 영적 몸을 가지신다는 것을 의미한다.

하나님께서 이렇게 나타나실 때에 모든 영광과 능력이 충만한 하나님으로 나타나지는 않으신다. 자연인은 그것을 감당하지 못할 것이다. 하나님께서는 우리에게 몸을 가진 사람으로서 나타나신다.

우리는 창세기의 그 예에서 히브리어 정의를 살펴봄으로써 좀 더 이해할 수 있다. 1절에서 "여호와"는 "스스로 존재하시는 분, 영원하신 분, 시작이나 끝이 없는 분"을 의미한다. 그것은 하나님께서 친히 다른 두

천사들과 함께 아브라함에게 나타나셨다는 것을 확증해 준다. (19장 1절은 다른 사람들이 천사들이었다고 말해 준다.)

'나타나다'라는 단어는 히브리어로 라아로서 '보다, 보이다, 나타나다'를 의미한다. 즉 영원하시고 스스로 존재하시는 하나님께서 아브라함에게 보이셨다. 아브라함은 여호와 하나님을 "바라볼" 수 있었다. 아브라함이 하나님과 그 천사들을 쉽게 바라볼 수 있었다면, 그것은 하나님과 천국 주민들이 얼마나 실제적인지 보여준다!

다음 구절들은 더 놀랍다. 하나님을 보는 특권을 사람들에게 허락하신다는 것을 알 수 있을 뿐 아니라, 하나님께서 우리와 가장 단순한 시간을 보내는 것을 즐거워하신다는 것을 볼 수 있다!

아브라함이 그의 장막 속에 앉아서 하나님이 다가오시는 것을 보는 것을 상상해 보라. 아브라함은 하나님을 향해 달려가서 얼굴을 땅에 대고 절한다. 아브라함은 그분이 하나님이시라는 것을 알았다. 그것은 하나님이 아브라함에게 나타나신 열 번 중의 한 번이었다(창 12:1,3,7, 15:1, 17, 18, 21:12, 22:1 참조).

아브라함은 어안이 벙벙했다. 여호와께서 친히 몸으로 임재하셨다. 시작도 끝도 없는 무한한 하나님께서 말이다.

아브라함이 마음을 가라앉힌 후에(아마 한참이 걸렸을 것이다) 그 당시의 손님접대 관습을 수행하기 시작했다. 아브라함은 물을 가져와서 하나님의 발을 씻었다(창 18:3-5 참조). 이것은 하나님이 우리에게 실체이시며 가까이 다가오신다는 것을 강력히 보여주는 예이다. 하나님을 만질 수 있다!

또한 그것은 그리스도의 탄생, 죽음, 부활 전에도 하늘의 몸들이 사람의 몸과 비슷했다는 것을 보여주는 증거이다. 사람이 창조되기 전부터 하늘의 몸들은 사람의 몸과 비슷했을 가능성이 크다!

하나님이 참여하신다

믿어지지 않는 일이지만, 아브라함은 그러고 나서 하나님과 두 천사들에게 음식을 드려 드시게 했다. 우리는 메뉴도 안다. 그것은 빵, 버터, 우유, 송아지 고기였다.

이 세부사항들이 주는 전반적 메시지가 매우 중요하다. 하나님께서는 하나님이 실재하신다는 것을 우리가 알기를 바라신다. 하나님은 진짜 영적 몸을 가지신다. 하나님의 영적 몸을 당신이 보고, 만지고, 발을 씻어드릴 수 있다. 하나님은 드시고, 마시고, 당신과 교제하실 수 있으시다. 하나님은 비실재의 유령이나 형태 없는 영이 아니시다. 고린도전서에서 그것을 최대한 명백하게 진술한다. **육의 몸도** 있고 **신령한 몸도** 있다. 둘 다 놀라울 정도로 실재적이다(고전 15:44 참조).

여호와는 온 우주의 하나님이시지만, 하늘의 몸으로 자신을 우리에게 나타내실 수 있고, 그렇게 하기를 선택하셨다. 하나님께서 이 땅 위에서 그렇게 하신 적이 많이 있다.

그러나 하나님의 개입은 외적인 것에만 국한되지 않으신다. 왜 하나님께서 마므레에서 아브라함과 그의 아내에게 오셨는지 이유를 생각해 보면, 더욱 놀랍다.

하나님의 목적은 인류를 구속할 의로운 가계를 시작하시는 것이었다. 하나님께서는 이미 당신의 구원을 염두에 두고 계셨다!

하나님께서 99세의 아브라함과 89세의 사라를 새롭게 하셔서 그 가계를 시작할 아들을 갖게 하시겠다고 약속하셨다.

그들이 아브라함에게 이르되 네 아내 사라가 어디 있느냐 대답하되 장막에

있나이다

그가 이르시되 내년 이맘때 내가 반드시 네게로 돌아오리니 네 아내 사라에게 아들이 있으리라 하시니 사라가 그 뒤 장막 문에서 들었더라

아브라함과 사라는 나이가 많아 늙었고 사라에게는 여성의 생리가 끊어졌는지라

사라가 속으로 웃고 이르되 내가 노쇠하였고 내 주인도 늙었으니 내게 무슨 즐거움이 있으리요

여호와께서 아브라함에게 이르시되 사라가 왜 웃으며 이르기를 내가 늙었거늘 어떻게 아들을 낳으리요 하느냐

여호와께 능하지 못한 일이 있겠느냐 기한이 이를 때에 내가 네게로 돌아오리니 사라에게 아들이 있으리라

사라가 두려워서 부인하여 이르되 내가 웃지 아니하였나이다 이르시되 아니라 네가 웃었느니라

(창 18:9-15)

이 문맥 속에서 '가계'는 '사람들의 계통, 후손 계통, 혈통'을 의미한다.

우리는 하나님의 의도가 실현되었다는 것을 안다. 1년 후에 이삭이 아브라함과 사라에게서 기적적으로 태어났다. 이 만남이 우리에게 주는 메시지가 있다. 하나님께서는 사람의 구속을 매우 중시하셔서 아무 것도 우연에 맡기지 않으셨다. 하나님께서는 그 임무를 위해 사람이나 천사를 택하지 않으셨다. 하나님께서 친히 나타나셔서 그리스도 탄생 2,348년 전에 그리스도의 가계를 시작하셨다.

또한 사람의 죄를 위해 죽음으로 희생할 필요성을 하나님께서 친히 성취시키셨다. 예수 그리스도께서 동정녀에게 나실 때 하나님께서

기적적으로 성육신하셨다. 하나님께서 우리를 위해 죽으시는 그리스도의 형태로 사람이 되심으로써, 그가 시작하신 모든 것을 다 이루셨다.

그러나 우리는 기억해야 한다. 예수님의 탄생이 예수님의 시작이 아니었다. 예수님은 영원 속에 항상 존재하셨다. 그러나 하나님께서 의도하신 의로운 가계에 나타나시기 위해 육체를 입으시고 우리 가운데 거하셨다. 천사들이 그를 '임마누엘' 혹은 "우리와 함께 계신 하나님"이라고 불렀다.

하나님께서 영광의 보좌를 떠나 사람으로 나타나신 진정한 이유는 당신의 유익을 위해서이다. 하나님께서 우주를 창조하셔서 이 땅 위의 당신의 삶을 지탱시키시고 또한 몸으로 아브라함에게 나타나셔서 하나님의 가계 속의 당신의 역할을 보장하셨다! 하나님께서 그 사명을 다른 사람에게 남기지 않으셨다!

그러고 나서 2,000년 후에 하나님께서 그리스도를 통해 그 가계에 나타나셔서 당신이 천국에 들어갈 권리를 갖도록 친히 값을 치르셨다.

하나님께서는 당신을 아신다

이렇게 사랑하신 하나님께서 하나님의 돌보심도 여러 모로 보여주신다. 다음 구절은 하나님이 지극히 개인적이시라는 것을 우리에게 보여준다.

이 본문에서는 천사들이 소돔과 고모라로 사명을 가지고 감으로써, 하나님과 아브라함이 단 둘이 남게 되었다.

> 그 사람들이 거기서 일어나서 소돔으로 향하고 아브라함은 그들을 전송하러 함께 나가니라

여호와께서 이르시되 내가 하려는 것을 아브라함에게 숨기겠느냐

아브라함은 강대한 나라가 되고 천하 만민은 그로 말미암아 복을 받게 될 것이 아니냐

내가 그로 그 자식과 권속에게 명하여 여호와의 도를 지켜 의와 공도를 행하게 하려고 그를 택하였나니 이는 나 여호와가 아브라함에게 대하여 말한 일을 이루려 함이니라

여호와께서 또 이르시되 소돔과 고모라에 대한 부르짖음이 크고 그 죄악이 심히 무거우니

내가 이제 내려가서 그 모든 행한 것이 과연 내게 들린 부르짖음과 같은지 그렇지 않은지 내가 보고 알려 하노라

그 사람들이 거기서 떠나 소돔으로 향하여 가고 아브라함은 여호와 앞에 그대로 섰더니

(창 18:16-22)

하나님께서는 소돔과 고모라의 죄로 인해 그곳을 멸하시는 무거운 문제를 생각하고 계셨다. 그 딜레마를 위한 해결책 중에서 아브라함이 어떤 역할을 할 수 있을지 하나님이 재어보셨다.

아브라함이 가까이 나아가 이르되 주께서 의인을 악인과 함께 멸하려 하시나이까

그 성 중에 의인 오십 명이 있을지라도 주께서 그곳을 멸하시고 그 오십 의인을 위하여 용서하지 아니하시리이까

주께서 이같이 하사 의인을 악인과 함께 죽이심은 부당하오며 의인과 악인을 같이 하심도 부당하니이다 세상을 심판하시는 이가 정의를 행하실 것이

아니니이까

여호와께서 이르시되 내가 만일 소돔 성읍 가운데에서 의인 오십 명을 찾으면 그들을 위하여 온 지역을 용서하리라

(창 18:23-26)

성경은 이렇게 말씀한다. 아브라함이 하나님께 가까이 나아가 소돔과 고모라를 위해 중보하기 시작했다. 아브라함은 걱정이 심했다. 조카 롯이 거기서 가족과 함께 살았기 때문이다.

우리는 이 대화 속에서 하나님 아버지의 관심과 사랑의 마음을 볼 수 있다. 하나님께서 아들 아브라함에게 인내하며 귀 기울이신다. 하나님께서는 하나님의 아들이 염려하는 것에 큰 관심을 기울이신다. 아브라함은 기뻤다. 아버지께서 아들인 그에게 관심을 집중시켰기 때문이다. 그리고 아브라함은 아버지께서 매우 중요하게 대하시는 아들로서의 소중한 가치를 느꼈다. 계속해서 말씀한다.

아브라함이 대답하여 이르되 나는 티끌이나 재와 같사오나 감히 주께 아뢰나이다

오십 의인 중에 오 명이 부족하다면 그 오 명이 부족함으로 말미암아 온 성읍을 멸하시리이까 이르시되 내가 거기서 사십오 명을 찾으면 멸하지 아니하리라

아브라함이 또 아뢰어 이르되 거기서 사십 명을 찾으시면 어찌 하려 하시나이까 이르시되 사십 명으로 말미암아 멸하지 아니하리라

아브라함이 이르되 내 주여 노하지 마시옵고 말씀하게 하옵소서 거기서 삼십 명을 찾으시면 어찌 하려 하시나이까 이르시되 내가 거기서 삼십 명을

찾으면 그리하지 아니하리라

아브라함이 또 이르되 내가 감히 내 주께 아뢰나이다 거기서 이십 명을 찾으시면 어찌 하려 하시나이까 이르시되 내가 이십 명으로 말미암아 그리하지 아니하리라

아브라함이 또 이르되 주는 노하지 마옵소서 내가 이번만 더 아뢰리이다 거기서 십 명을 찾으시면 어찌 하려 하시나이까 이르시되 내가 십 명으로 말미암아 멸하지 아니하리라

여호와께서 아브라함과 말씀을 마치시고 가시니 아브라함도 자기 곳으로 돌아갔더라

(창 18:27-33)

이 구절에서 정말로 두드러진 점은 아브라함이 하나님께 어느 식으로도 알려드리지 않았다는 것이다. 하나님께서는 소돔의 상황을 충분히 아셨고 의인을 악인과 더불어 멸망시키기를 원하지 않으셨다. 하나님께서는 아브라함이 소돔을 위해 중보할 것을 아셨다. 그것이 내내 하나님의 의도였다.

이 가문의 처음에 아브라함이 개입한 것은 그 가문의 끝에 무슨 일이 일어날지를 보여준다. 하나님의 아들이신 예수님께서 모두를 위해 개입하셔서 의인이 악인과 함께 멸망당하지 않게 하실 것이다. 그 일이 일어나기 2,348년 전에 하나님께서 우리에게 모델을 주셨다. 그것은 하나님의 자녀를 구하기 위해 개입하실 궁극적 계획에 대한 모델이었다.

당신이 만질 수 있는 하나님

창세기의 이 장에 우리 하나님에 대한 시간을 초월하는 놀라운 진리들이

담겨 있다. 그리스도께서 나타나시기 오래 전에 우리는 그것을 볼 수 있다. 즉 하나님께서 우리의 차원에 육체로 나타나셨다. 그는 먹고 마셨고, 보이고 만져졌으며, 발이 씻어지기도 하셨다.

우리는 목적과 비밀을 우리에게 계시하시는 인격적인 하나님을 본다. 하나님은 아브라함에게 그의 계획을 말씀하셔서, 그가 의로운 해결책에 참여하게 하셨다.

그것은 수천 년 된 예일 뿐만이 아니라, 오늘이나 어제나 영원히 동일하신 하나님에 대한 영원한 진리의 징표들이다(히 13:8 참조). 당신이 바라는 것을 하나님께 구하기를 하나님이 원하신다. 하나님이 당신의 계획을 경청해 주실 것이다.

하나님께서는 우리의 아버지로서 우리와 관계하기를 갈망하신다. 우리와 시간을 보내기를 갈망하신다. 우리의 관심사에 인내하며 주의를 기울이신다. 아브라함이 송아지를 잡아 처리하고 요리하는 데 몇 시간이 걸렸을 것이다. 그러나 하나님은 개의치 않으신 것으로 보인다. 그는 앉으셔서 아들이자 친구인 아브라함과 이야기를 나누셨다.

그 동일하신 하나님께서 당신과 매일 그렇게 친밀하기를 갈망하신다.

당신은 하나님의 인격적 형상이다

인격적 하나님께서 아들들에게 나타나시는 또 다른 증거들이 있다.

구약의 창세기에서 하나님께서는 아담에게 나타나셨다. 날이 서늘할 때에 하나님께서 오셔서 아담과 걸으셨다고 말씀한다(창 3:8 참조).

아담은 유령이나 희미한 안개와 걷지 않았다. 하나님은 실재하셨고 실제 영적 몸을 가지셨다. 하나님의 하늘의 몸은 아담이 무엇으로 만들어졌는가를 보여주는 패턴이다.

　창세기에서 말씀한다. "하나님이 이르시되 우리의 형상을 따라 우리의 모양대로 우리가 사람을 만들고"(창 1:26). 히브리어로 '형상(image)'은 첼렘으로서, '대표' 혹은 '뭔가를 그늘지게 하다'를 의미한다. 그것은 문자적으로 '그림자'를 의미한다.

　첼렘은 하나님이 사람을 어떻게 창조하셨는지 보여준다. 하나님께서 에덴동산에 서서 자신의 그림자가 땅에 덮이게 하셨다. 그리고 나서 사람을 하나님의 그림자의 형태로 만드셨다!

　성경은 하나님께서 땅의 흙으로 사람을 "지으셨다고" 말씀한다(창 2:7). "짓다"는 히브리어로 얏소르로서, "토기장이가 진흙으로 하듯이 형태를 빚다"를 의미한다. 하나님께서 진흙으로 하나님의 그림자를 빚으셨다. 하나님의 그림자를 만드셨다! (물론 하나님이 그림자를 가지시려면 실재하셔야 한다!)

　비슷하게 '모양(likeness)'은 히브리어로 데무스로서, '모델이 되다, 만들다, 닮다'를 의미한다. 간단히 말해서, 하나님께서 자신의 그림자를 사람을 창조하시는 패턴으로 삼으셨다. 그러고 나서 사람이 하나님을 닮도록 만드셨다. 하나님께서 그 모든 것을 하신 것은 사람이 하나님과 교제하고, 하나님을 닮도록 하시려는 것이었다.

　하나님과 아담이 그런 교제를 나눴다. 그들은 아름다운 동산에서 날이 서늘할 때에 함께 걸었고 하나님께서 아담에게 생명에 대해 가르쳐주셨다. 그는 사람에게 보이고 사람과 친밀한 관계를 갖기 원하시는 인격적인 하나님이시다.

　출애굽기에서, 모세는 하나님과 대면해 말했다. "사람이 자기의 친구와 이야기함 같이 여호와께서는 모세와 대면하여 말씀하시며"(출 33:11a). 모세는 하나님을 보았다. 그들은 서로의 얼굴을 보았고, 대면해 얘기했다. 그것은 매우 개인적이다!

"나를 보고 살 자가 없음이니라"(출 3:20)라는 구절 때문에 헷갈릴 수 있다. 그러나 그 구절의 문맥을 이해하는 것이 혼란을 제거해 줄 것이다. 너무나 오랫동안 우리 영혼의 대적은 하나님을 얼굴 없는 영으로 묘사하려 해왔다. 하나님을 가려서, 우리가 하나님께 다가가고 하나님이 누구신지 정말로 이해하는 것을 제한시키려 해왔다.

모세와 하나님이 친구로서 얘기를 나눈 후에, 모세가 하나님께 구했다. "원하건대 주의 영광을 내게 보이소서"(출 33:18). 모세는 하나님의 몸의 측면을 이미 보았지만, 이제 하나님의 영광스러운 측면을 보여 달라고 간구했다.

모팻 번역으로는 이렇다. "당신의 위엄을 내게 보이소서." 그것은 하나님의 충만한 영광을 의미할 것이다! 모세가 그것을 구했다고 해서 하나님이 꾸짖지 않으셨다. 하나님은 단순히 이렇게 말씀하셨다. "나는 그렇게 할 수 없어, 모세야. 너는 나의 모든 측면들을 다 볼 수 없어. 너는 나의 충만한 영광을 보고 살 수 없어."

그러나 사랑의 하나님은 이런 취지로 말씀하신다. "그러나 이렇게 할게. 내가 너를 바위틈에 두고 내가 지나갈 때 너를 내 손으로 덮을게. 나의 뒷모습을 네가 보게 할게. 그러나 영광 중에 있는 나의 얼굴은 네가 볼 수 없어."

우리는 모세가 하나님의 하늘의 몸, 영광의 몸의 뒤를 보았다는 것을 안다(출 22:20-23 참조). 그것만으로도 충분히 모세의 얼굴이 영광으로 빛나서 얼굴을 천으로 가려야 했다(출 34:29-35 참조).

성경에서 하나님께서 사람에게 나타나신 경우가 44회 정도 있다. 예를 들어, 여호수아가 여호와를 보았다(수 5:13-15 참조). 엘리야가 여호와를 보았다(왕상 19 참조). 이사야가 여호와를 보았다(사 6 참조). 욥이 여호와를 보았다(욥 42:5 참조). 아모스는 여호와께서 제단 위에 서신 것을 보았다(암 9:1 참조). 모든 구절은 천국 시민들과 하나님이 실제 하늘의 몸을 갖는다는 것을 보여준다.

하나님이 지상의 사람에게 나타나실 때마다, 우리의 차원에 들어오시기 위해 자신을 매우 낮추셔야 했다. 우리가 하나님을 영광 중에 볼 날이 다가옴을 하나님께 감사한다!

예수님처럼

하나님의 모습에 대해 좀 더 구체적으로 살펴볼 수 있을까? 요한복음을 살펴보자.

> 너희는 마음에 근심하지 말라 하나님을 믿으니 또 나를 믿으라
> 내 아버지 집에 거할 곳이 많도다 그렇지 않으면 너희에게 일렀으리라 내가 너희를 위하여 거처를 예비하러 가노니
> 가서 너희를 위하여 거처를 예비하면 내가 다시 와서 너희를 내게로 영접하여 나 있는 곳에 너희도 있게 하리라
> 내가 어디로 가는지 그 길을 너희가 아느니라
> 도마가 이르되 주여 주께서 어디로 가시는지 우리가 알지 못하거늘 그 길을 어찌 알겠사옵나이까
> 예수께서 이르시되 내가 곧 길이요 진리요 생명이니 나로 말미암지 않고는 아버지께로 올 자가 없느니라
> 너희가 나를 알았더라면 내 아버지도 알았으리로다 **이제부터는 너희가 그를**

6장 하나님과 천사들의 모습

알았고 또 보았느니라

빌립이 이르되 주여 아버지를 우리에게 보여 주옵소서 그리하면 족하겠나이다
예수께서 이르시되 빌립아 내가 이렇게 오래 너희와 함께 있으되 네가 나를 알지 못하느냐 나를 본 자는 아버지를 보았거늘 어찌하여 아버지를 보이라 하느냐

내가 아버지 안에 거하고 아버지는 내 안에 계신 것을 네가 믿지 아니하느냐
내가 너희에게 이르는 말은 스스로 하는 것이 아니라 아버지께서 내 안에 계셔서 그의 일을 하시는 것이라
내가 아버지 안에 거하고 아버지께서 내 안에 계심을 믿으라 그렇지 못하겠거든 행하는 그 일로 말미암아 나를 믿으라

(요 14:1-11)

성경에 따르면, 하나님은 예수님처럼 보이신다! 예수님을 본 사람은 아버지를 보았다고 분명히 말씀하셨다. 우리는 영원히 보이지 않는 희미한 존재를 예배하지 않을 것이다. 그는 시각적으로, 촉각적으로 실재하시며 예수님이 우리를 위해 하나님의 얼굴을 보여주셨다.

이것은 "그는 보이지 아니하는 하나님의 형상이시요"(골 1:15)라는 골로새서 말씀을 생생히 살아나게 해준다. '형상(image)'은 헬라어로 에이콘으로서, '현저한 닮음'을 의미한다. 20세기 신약 번역에서는 "그는 하나님의 성육신이다"라고 말씀한다.

윌리엄 번역에서는 "그는 하나님을 정확히 닮으셨다"고 말씀한다.

녹스 번역에서는 "예수님은 우리가 보지 못하는 하나님의 참된 모양이다"라고 말씀한다.

확대성경에서는 이렇게 말씀한다. "[이제] 그는 보이지 아니하는

하나님의 형상[보이지 않는 것의 시각적 나타남]이시요 모든 피조물보다 먼저 나신 이시니."

이것은 명백하다. 하나님은 예수님처럼 보이신다! 성령님도 예수님을 닮으셨다. 예수님께서 "그는 또 다른 보혜사이시다"라고 말씀하셨다(요 14:16 참조). 따라서 신성은 예수님을 닮으셨다! 그분들은 하나이신 세 분, 삼위일체이시다. 그들은 구별된 인격이시지만, 공통의 형상을 가지신다!

천사들

하늘의 존재들 중에서 천사에 대해 많이 말한다. 성경도 천사의 모습과 역할에 대해 침묵하지 않는다.

말씀에 따르면, 천사는 그리스도 안에서 죽은 자들이 아니다. 그들은 하나님의 별개의 피조물로서, 신자들의 필요에 따라 섬기도록 보냄 받는다.

> 어느 때에 천사 중 누구에게 내가 네 원수로 네 발등상이 되게 하기까지 너는 내 우편에 앉아 있으라 하셨느냐
> 모든 천사들은 섬기는 영으로서 구원 받을 상속자들을 위하여 섬기라고 보내심이 아니냐
> (히 1:13-14)

창세기에서 두 천사가 아브라함에게 사람으로 나타나서 맡은 일을 하기 위해 소돔으로 떠난다.

그 예는 천사가 사람으로서 우리의 가로, 세로, 높이, 공간의 차원에 나타날 수 있다는 것을 분명히 보여준다.

히브리서에 따르면, 천사가 사람과 비슷하게 나타나서 우리가 구분하지 못할 수 있다.

형제 사랑하기를 계속하고
손님 대접하기를 잊지 말라 이로써 **부지중에 천사들을 대접한** 이들이 있었느니라
(히 13:1-2)

굿스피드 번역은 이렇게 말씀한다. "어떤 이들은 모르는 새에 천사들을 손님으로 맞이했다."

모르는 새에 천사를 접대하려면 천사가 사람과 매우 비슷해 보여야 할 것이다! 사실은 천사를 그런 식으로 보는 것이 우리가 아는 것보다 더 흔할 것이다.

천사가 나타나는 또 다른 방식은 영화된 몸으로 날개를 가지고 나타나는 것이다(출 25:20, 겔 1:23-25 참조). 그들이 그런 모습으로 나타나는 것이 드물고 엄청나더라도, 그런 상태의 천사를 본다 해서 죽는 것은 아니다. 그들의 영광도 찬란하지만, 하나님보다는 훨씬 덜하다.

하늘의 존재들은 현실이다

천국에 대한 신비를 파헤치고, 천국 주민들이 얼마나 현실적인지 살펴보는 것은 대단한 특권이다!

하나님은 실재하신다. 당신은 하나님을 볼 수 있다. 천사들은 실재한다. 당신은 천사를 볼 수 있다. 예수님은 실재하신다. 당신은 예수님을 볼 수 있다. 현재의 삶에서 보지 못하더라도, 그것은 가능하다. 당신은 천국에서 확실히

그들을 볼 것이다!

 또한 당신은 그리스도 안에서 죽은 모든 사람을 볼 것이다. 그들의 영화된 몸은 실재한다. 하늘의 빛나는 실체를 말로 다 표현할 수 없다. 현재 우리는 그 계시를 기다리며 '신음'하고 있다!(롬 8:22-23 참조) 그러나 우리가 하나님의 영원하고, 장엄하고, 시각적인 임재 안에서 하나님이 만드신 모든 것과 함께 살 날이 다가오고 있다!

하나님께서 행하시는 모든 것은 영원히 있을 것이다(전 3:14 참조). 우리가 어떻게 하나님을 닮을 것이고, 우리의 몸이 어떻게 하나님의 영원한 형상을 취할 것인지 그분이 영원히 계획하셨다.

그리고 하나님께서는 그것을 비밀로 하지 않으셨다!

우리의 연약한 땅의 몸이 어떻게 영원하게 만들어질지 상상해 보라. 우리의 땅의 '껍질'의 고통과 한계를 넘어선 생명을 상상해 보라. 우리는 부패할 수 없게 될 것이다!

> 죽은 자의 부활도 그와 같으니 썩을 것으로 심고 **썩지 아니할 것으로 다시 살아나며**
>
> 욕된 것으로 심고 영광스러운 것으로 다시 살아나며 약한 것으로 심고 강한 것으로 다시 살아나며
>
> 육의 몸으로 심고 신령한 몸으로 다시 살아나나니 육의 몸이 있은즉 또 영의 몸도 있느니라
>
> 기록된 바 첫 사람 아담은 생령이 되었다 함과 같이 마지막 아담은 살려 주는 영이 되었나니
>
> 그러나 먼저는 신령한 사람이 아니요 육의 사람이요 그 다음에 신령한 사람이니라
>
> 첫 사람은 땅에서 났으니 흙에 속한 자이거니와 둘째 사람은 하늘에서

나셨느니라

무릇 흙에 속한 자들은 저 흙에 속한 자와 같고 무릇 하늘에 속한 자들은 저 하늘에 속한 이와 같으니

우리가 흙에 속한 자의 형상을 입은 것 같이 또한 하늘에 속한 이의 형상을 입으리라

형제들아 내가 이것을 말하노니 **혈과 육은 하나님 나라를 이어 받을 수 없고** 또한 썩는 것은 썩지 아니하는 것을 유업으로 받지 못하느니라

보라 내가 너희에게 비밀을 말하노니 우리가 다 잠 잘 것이 아니요 마지막 나팔에 순식간에 홀연히 다 변화되리니

나팔 소리가 나매 죽은 자들이 썩지 아니할 것으로 다시 살아나고 우리도 변화되리라

(고전 15:42-52)

우리는 정확히 어떻게 썩지 않게 되는가? 우리가 아는 '시간'을 어떻게 피할 수 있는가? 그 미묘한 대답을 성경에서 찾을 수 있다.

첫 번째는 우리의 육체를 다룬다. 고린도전서의 구절에서 "혈과 육은 하나님 나라를 이어 받을 수 없고"라고 말씀한 것에 주목하라. 이 구절은 부활 후 예수님께서 제자들에게 주신 깨우침과 더불어 열쇠가 된다. 이 구절에서 "육과 **뼈**는 하나님의 나라를 이어 받을 수 없고"라고 말씀하시지 않았다는 점에 주목하라.

그 두 가지는 매우 다르다는 것을 발견할 것이다. 그것은 우리의 하늘의 몸과 땅의 몸의 차이이다!

누가복음의 다음 구절을 생각해 보라. 예수님께서 부활 후, 엠마오로 가는 길의 두 사람에게 이미 나타나셨다. 그들은 그리스도의 제자들에게

그리스도께서 나타나셨다고 말하러 갔다. 그들이 얘기하고 있을 때, 예수님께서 벽을 통과해 그들에게 나타나셨다.

> 이 말을 할 때에 예수께서 친히 그들 가운데 서서 이르시되 너희에게 평강이 있을지어다 하시니
> 그들이 놀라고 무서워하여 그 보는 것을 영으로 생각하는지라
> 예수께서 이르시되 어찌하여 두려워하며 어찌하여 마음에 의심이 일어나느냐
> 내 손과 발을 보고 나인 줄 알라 또 나를 만져 보라 **영은 살과 뼈가 없으되 너희 보는 바와 같이 나는 있느니라**
> 이 말씀을 하시고 손과 발을 보이시나
> 그들이 너무 기쁘므로 아직도 믿지 못하고 놀랍게 여길 때에 이르시되 여기 무슨 먹을 것이 있느냐 하시니
> 이에 구운 생선 한 토막을 드리니
> 받으사 그 앞에서 잡수시더라
> 또 이르시되 내가 너희와 함께 있을 때에 너희에게 말한 바 곧 모세의 율법과 선지자의 글과 시편에 나를 가리켜 기록된 모든 것이 이루어져야 하리라 한 말이 이것이라 하시고
> 이에 그들의 마음을 열어 성경을 깨닫게 하시고
> 또 이르시되 이같이 그리스도가 고난을 받고 제삼일에 죽은 자 가운데서 살아날 것과
>
> (눅 24:36-46)

"영은 살과 뼈가 없으되 너희 보는 바와 같이 나는 있느니라"고 예수님께서

말씀하신 것에 주목하라. **피**가 빠진 것에 주목하라. 여전히 예수님을 보고 만질 수 있었고, 예수님은 살과 뼈를 가지셨지만, 피는 없으셨다.

예수님의 영화된 몸에는 피가 없었다. 예수님께서는 이미 갈보리에서 피를 흘리셨고, 모든 피 한 방울까지 하늘로 가지고 가서 사람의 죄를 위해 시온좌에 뿌리셨다.

우리의 영화된 몸이 예수님의 몸처럼 지어진다면(빌 3:21 참조), 우리도 살과 **뼈**를 가지지만, 피는 없을 것이다.

이것을 지지하는 성경의 다른 많은 단서들이 있다. 레위기 17장 11절에서 "육체의 생명은 피에 있음이라"고 말씀한다. 이것은 현재 차원에서의 생명을 말한다. 현대 의학이 그 사실을 인정한다. 그러나 모세는 무려 3,000년 전에 그것을 이미 선포했다.

영화된 상태에서 생명을 지탱하는 데는 피가 필요하지 않다. 우리 안에 영원한 생명을 약동시키기 위해 하나님께서 더 나은 것을 갖고 계신다.

하나님의 영광으로 지탱됨

우리의 영원한 생명을 유지시키는 수단은 하나님의 영광인 것으로 보인다. 환한 빛이나 광채로 나타나는 하나님의 영광은 우리의 살과 **뼈**에 생명을 생산하기 위해 필요한 영원한 힘인 것으로 보인다.

만일 그렇다면, 하나님의 본질이 우리를 채우고 우리를 통해 흘러갈 것이다. 그것은 건물의 전선을 통해 전기가 흘러가는 것과 같다. 우리는 하나님에 의해 영원히 항상 에너지를 얻을 것이다!

수많은 성경 구절이 그것을 증거한다. 빌립보서에서 말씀한다.

우리의 낮은 몸을 자기 영광의 몸의 형체와 같이 변하게 하시리라

(빌 3:21)

헬라어로 '영광'은 독사, 혹은 '하나님의 안의 모든 좋은 것'이다. 그것은 하나님께서 우리에게 자신을 최종적으로 계시하실 때의 하나님의 모든 것으로 이뤄질 것이다. 즉 하나님의 자기 계시…하나님의 광채…하나님의 밝음…하나님의 광휘…하나님의 빛일 것이다.

하나님의 영광이 종종 성경에 빛으로 나타난다. 누가복음에서 어떤 목자들이 들판에서 주의 천사를 보았다. "주의 영광이 그들을 두루 비추매"라고 말씀한다(눅 2:9).

이 예에 나타난 '영광'도 독사이다. 독사가 그들을 두루 비췄다고 말씀한다. '두루 비추다'라는 단어는 헬라어 페릴람포에서 나왔는데, 페리는 '통해'와 '주변에'를 의미하고, 람포는 '조명하다'를 의미한다. 따라서 페릴람포는 '주변을 둘러 비추다'를 의미한다.

영어 단어 램프가 여기서 나왔다. 램프는 주변을 두루 비춘다. 전기 에너지가 흐르면 램프가 "둘러 비춘다".

목자들의 경우에, 주의 영광이 그들 주변의 하늘을 비췄다. 하나님의 영광이 빛이나 광채로 나타났다.

또 다른 중요한 예가 요한복음에 있다. 이 구절들은 하나님의 영원한 존재를 빛으로 말씀한다.

이 관계를 이해하면 우리도 영원히 어떻게 되는지 더 깨달을 수 있다.

태초에 말씀이 계시니라 이 말씀이 하나님과 함께 계셨으니 이 말씀은 곧 하나님이시니라

그가 태초에 하나님과 함께 계셨고

만물이 그로 말미암아 지은 바 되었으니 지은 것이 하나도 그가 없이는 된 것이 없느니라

그 안에 생명이 있었으니 이 생명은 사람들의 빛이라

빛이 어둠에 비치되 어둠이 깨닫지 못하더라

하나님께로부터 보내심을 받은 사람이 있으니 그의 이름은 요한이라

그가 증언하러 왔으니 곧 빛에 대하여 증언하고 모든 사람이 자기로 말미암아 믿게 하려 함이라

그는 이 빛이 아니요 이 빛에 대하여 증언하러 온 자라

참 빛 곧 세상에 와서 각 사람에게 비추는 빛이 있었나니

그가 세상에 계셨으며 세상은 그로 말미암아 지은 바 되었으되 세상이 그를 알지 못하였고

자기 땅에 오매 자기 백성이 영접하지 아니하였으나

영접하는 자 곧 그 이름을 믿는 자들에게는 하나님의 자녀가 되는 권세를 주셨으니

이는 혈통으로나 육정으로나 사람의 뜻으로 나지 아니하고 오직 하나님께로부터 난 자들이니라

말씀이 육신이 되어 우리 가운데 거하시매 우리가 그의 영광을 보니 아버지의 독생자의 영광이요 은혜와 진리가 충만하더라

(요 1:1-14)

성경의 다른 구절들도 유사성이 있다. 그리스도에 대해 이사야가 이렇게 예언했다.

흑암에 행하던 백성이 큰 **빛**을 보고

(사 9:2)

예수님께서 친히 말씀하셨다.

…나는 세상의 **빛**이니…

(요 8:12)

하나님의 창조에 대해 이렇게 말씀한다.

어두운 데에 빛이 비치라 말씀하셨던 그 하나님께서…

(고후 4:6)

하나님에 대해 요한이 말한다.

우리가 그에게서 듣고 너희에게 전하는 소식은 이것이니 곧 하나님은 **빛**이시라 그에게는 어둠이 조금도 없으시다는 것이니라

(요일 1:5)

천국에 대해 이렇게 말씀한다.

그 성은 해나 달의 비침이 쓸 데 없으니 이는 하나님의 **영광**이 비치고 어린 양이 그 **등불**이 되심이라

(계 21:23)

하나님이 빛이심을 이해하는 것은 우리의 자연적이고, 피가 있는 몸이 어떻게 부패를 피할 수 있을 것인지 이해하게 도와주는 열쇠이다. 이 개념을 더 잘 이해하고, 우리가 시간을 초월한 영원한 차원에 어떻게 들어갈지 알기 위해 빛의 과학을 이해해 보자.

빛의 과학

빛이 초당 29만 9,300킬로미터의 속도로 여행한다는 것은 과학적 사실이다. 즉 빛은 1년에 9조 4,387억 2,480만 킬로미터를 간다!

우리 우주의 엄청난 크기를 이해하려면, 이것을 생각해 보라. 은하계의 한 끝에서 다른 끝으로 가는 데 광속으로 1억 년 이상이 걸린다.

그 숫자는 도무지 가늠이 되지 않는다. 시계의 똑딱 소리를 1조 번 세는 데 3만 2,000년이 걸린다고 한다. 그런데 빛은 매년 6조 마일의 속도로 간다.

한 시간 동안 빛은 약 10억 8,000만 킬로미터의 거리를 간다. 빛의 속도를 가늠하기 위해서, 광속으로 가는 총알을 발사한다고 상상해 보라. 그 총알은 당신이 방아쇠에서 손가락을 떼기도 전에 지구를 일곱 바퀴 돌 것이다! 당신이 총성을 듣기도 전에 최소한 지구를 두 바퀴 돌 것이다!

시간과 영원을 생각할 때 이런 개념이 상당히 타당해진다. 더 빨리 갈수록, 영원한 차원에 더 가까워진다고 알려져 있다. 왜냐하면 시간이 느려지기 때문이다. 과학자들은 이것을 '시간 지연 이론'이라고 한다. 이것은 아인슈타인의 일반 상대성 이론($E=mc^2$)에 근거한다.

즉 만일 당신이 우주선을 타고 광속의 87% 속도로 여행하면, (당신에게는) 시간의 속도가 50% 느려진다. 예를 들어, 만일 당신이 지구를 25세에 떠나서 광속의 87% 속도로 50년간 여행하면, 당신이 돌아왔을 때, 75세가 아니라,

50세일 것이다. 당신이 떠날 때 25세였던 모든 사람은 75세일 것이다! 그러나 당신은 50세일 것이다. 당신에게는 시간의 속도가 50% 줄어들었다.

과학자들은 우주로 보낸 특별한 시계로 그것이 사실임을 증명했다. 첫 번째 시계를 존 글렌의 우주 캡슐에 넣어 보냈다. 시간당 1만8,000마일의 속도로 세 시간 동안 지구 궤도를 돈 후에 그의 우주 시계는 시간 차이를 기록했다. 존 글렌은 지구를 떠나지 않았을 때의 경우에 비해 1만 분의 1초 젊게 지구에 돌아왔다.'

그것이 별 차이가 아닌 것 같아도, 광속인 초당 29만 9,300킬로미터로 계산해 보면 엄청나다.

만일 빛의 99.99%로 외계에서 60년간 여행하고 지구로 돌아온다면 지구에서는 500만 년이 지났을 것이다!

논리적으로 이런 결론이 도출된다. 만일 당신이 광속의 100%로 여행한다면, 우리가 아는 시간은 멈출 것이다. '현재'의 순간이 '영원'이 될 것이며 당신은 영원에 들어갈 것이다. 당신은 불로의 시간에 들어갈 것이다!

불로의 시간

우리는 하나님이 빛이시라는 것을 안다. 그것은 '지금'이라는 순간이 하나님께는 영원하다는 것을 의미한다. 하나님은 영원하시며, 시간이 하나님을 전혀 구속하지 않는다. 하나님께서 시간을 창조하셔서 사람을 그 안에 살게 하셨다. 그러나 하나님께서는 시간을 딱 그 정도로만 만드셨다. 즉 알다시피, 우리는 늘 시간에 쫓기며 산다.

---

1 1. Hugh Ross, 비디오 강의 "믿어야 할 이유들" (P.O. Box 5978, Pasadena, CA 91117).

그러나 하나님께는 그것이 문제가 되지 않는다. 하나님은 창조된 존재가 아니시므로 시작이 없으시며 끝도 없으실 것이다. 하나님은 시간이나 시간의 차원들에 매이지 않으신다. 하나님은 시간 속에서 앞으로 나아가실 수도 있고 뒤로 가실 수도 있으시다. 말씀은 하나님이 처음부터 끝까지 보신다고 말씀한다. 하나님은 처음과 나중이시며, 알파와 오메가이시다. 시간의 시작 전에 계시고, 시간이 끝난 후에도 계속 계신다.

그것의 설명을 위해, 시간 선을 상상해 보라. 우리가 아는 시간은 일반적으로 세 가지 차원이 있다. (우리가 앞서 말했듯이, 하나님께는 최소한 8개의 차원이 더 있을 수 있다. 왜냐하면 분자 물리학에 따르면 최소한 11개의 차원이 존재하기 때문이다.)

우리의 간단한 세 차원은 과거, 현재, 미래이다.

우리는 이 시간 선에서 오직 한 방향으로만 움직일 수 있다. 그것은 앞으로 나아가는 것이다. 반면에 하나님은 시간 밖에 계시며 그 모든 측면들에 운행하실 수 있으시다. 하나님께서는 과거, 현재, 미래를 똑같이 보신다. 하나님은 그 모두에 쉽게 접근하실 수 있으시다. 하나님은 아담과 하와, 사도들, 그리고 우리를 동시에 보실 수 있으시다. 또 원하실 때는 시간의 어떤 측면을 분리시키실 수도 있으시다. 하나님께서 당신의 삶을 생각하실 때도 똑같이 하신다.

하나님이 빛이시며, 영원하시며, 시간에 제약되지 않으신다는 사실은 하나님이 우리 몸에 일으키실 수 있는 변화의 설명을 돕는다. 그래서 우리도 영원해질 수 있다.

우리의 영화된 몸이 살과 뼈이며 피가 없고, 대신에 빛이 있다면, 우리가 어떻게 시간을 초월할 수 있는지 더 잘 이해가 된다.

광속에서 우리가 영원에 들어가며, 우리가 아는 시간은 멈춘다. 하나님의 영광이 우리의 영화된 몸을 채우면, 우리도 시간을 초월한다.

오랫동안 성경 학자들은 우리의 몸의 구성이 일종의 빛이 될 것이라고 믿어 왔다. 왜냐하면 그것이 '영화된다'는 단어에 함축되어 있기 때문이다.

그런데 최근에 들어서 피의 요소들이 빛의 요소들과 상당히 비슷하다는 것이 발견되었다. 어떤 이론가들은 심지어 피를 '액체 빛'이라고 부르기까지 한다. 우리의 육체에 있는 피는 어떻게 빛이나 '영광'이 우리의 영화된 몸을 채울 것인지 보여주는 모델이 된다.

피와 빛

피와 빛의 이런 측면들을 다룬 책이 있다. 『피의 화학적 성질』(The Chemistry of the Blood)을 의학박사 디한이 집필했다. 디한 박사는 이렇게 기술한다(진한 강조는 추가된 것).

"인간의 몸은 여러 종류의 조직을 갖는다…근육, 신경, 지방, 분비샘, 뼈 등등이다. 이 모든 조직의 한 가지 공통점이 있다. 그것들은 고정된 세포들인데, 현미경으로 볼 수 있을 정도로 작으며, 특정한 제한된 기능을 한다. 그런 고정된 조직들과 달리, **피는 유동성과 이동성을 갖는다. 즉 피는 몸의 어느 한 부분에 제한되지 않고 몸 전체로 자유로이 다니며 모든 고정된 세포들에 공급한다**…."[2]

비슷하게, 빛도 유동성을 가져서 순환하고, 채우고, 영양을 공급할 수 있다! 몸 안의 어디에나 갈 수 있는 능력은 쉽게 갖기 어렵다. 그러나 피와

---

[2] M. R. DeHaan, M.D., The Chemistry of the Blood 피의 화학작용 (Grand Rapids, MI: Lamplighter Books, Zondervan Publishing House, 1943), 14.

같은 액체로는 쉽게 되며, 빛도 비슷한 '유동성'을 갖는다.

"피는 모든 조직 중에 가장 신비하다. 수십 개의 요소들과 화합물들과 이상한 화학물질로 이뤄지며, 그것들의 기능은 아직 완전히 이해되지 않지만, 그 모든 것들이 생명의 신비와 관련이 있다. 왜냐하면 생명은…피에 있기 때문이다. 피가 세포들이나 몸의 지체들에 도달하지 못하면, 즉시 죽는다. 피가 순환을 멈출 때 비로소 사람이 죽는다."[3]

빛의 특성도 비슷하다. 광합성과 빛이 주는 생명을 생각해 보라. 광합성 중에 일어나는 화학 성분의 변화를 생각해 보라. 햇빛이 없으면 지상에 일어날 죽음을 생각해 보고, 얼마나 신비하게 햇빛이 생명력을 주는지 생각해 보라.

"피는 주로 세 가지 세포로 이뤄진다. 그것은 혈소판, 적혈구, 백혈구이다."[4]

"광선은 주로 세 가지가 있다. 그것은 화학선, 광선, 열선이다."[5]

두 가지가 많은 공통점을 갖는다!

분명히 좀 더 폭넓게 과학을 연구해 보면, 더 많은 증거가 있을 것이다. 그러나 지금도 유사성은 분명하며, 하나님의 놀라운 창조에 나타난 비슷한 얼개들을 발견하는 것은 즐거움이다!

정확히 어떻게 되는지는 몰라도, 우리가 변화될 것이라는 것은 분명한 사실이다. 우리는 영원해질 것이며 눈 깜빡할 새에 이 땅을 떠날 것이다!

---

3 DeHaan, The Chemistry of the Blood 피의 화학작용, 14-15
4 DeHaan, The Chemistry of the Blood 피의 화학작용, 18-19.
5 DeHaan, The Chemistry of the Blood 피의 화학작용, 62.

원자 초

광속을 이해하면 다른 질문에 대답하는 데 도움이 된다.

어떻게 우리가 이 땅을 '눈 깜빡할 새에' 떠날 것인가?

고린도전서에 따르면, 그것이 휴거 날 그리스도 안의 모든 사람에게 주신 약속이다(고전 15:52 참조).

그 속도는 매우 빠르다! 이 구절에서 '깜빡'이라는 단어는 헬라어로 아토모스로서, 영어의 원자(atom)가 거기서 나왔다.

간단히 말해서, 그것은 우리가 한순간은 여기 있다가, 다음 순간에는 다른 곳으로 간다는 것이다. 물론, 우리의 육체는 그런 속도를 견디지 못한다. 폭발할 것이다.

그런 도전을 어떻게 초월할 것인가? 다시 한 번 말하거니와, 시간을 초월하는 것이 우리의 영원한 새 본질의 중심이 될 것이다.

만일 우리가 그리스도의 영광스러운 몸으로 변형되고 주의 영광의 빛을 보게 된다면, 우리도 주의 시간을 초월한 속성을 갖게 될 것이다. 우리는 영원한 차원에 들어가서 영원히 주와 함께하게 될 것이다.

그렇게 순식간에 떠나려면, 우리는 최소한 초당 29만 9,300킬로미터, 즉 광속으로 이 땅을 떠나야 할 것이다! 그렇게 하지 않으면, 우리가 어떻게 주와 함께 있게 되겠는가?

> 몸을 떠나 주와 함께 있는 그것이라
>
> (고후 5:8)

광속으로 가더라도, 천국에 가려면 시간이 좀 걸릴 것이다. 그러나 설령 그보다 더 빨리 가는 것이더라도, 하나님께는 능치 못하심이 없다. 어떤 사람들은 하나님이 '생각의 속도'로 움직이신다고 주장한다. 생각하는 순간, 거기 있다. 아마 그럴 것이다.

오늘날 과학자들은 더 빨리 여행하며 은하계를 건너뛰는 방법들을 발견하고 있다. 사람의 유한한 마음으로 그런 것을 발견할 수 있다면, 우리 하나님은 얼마나 더 많이 하실 수 있겠는가?

컴퓨터에서 '윈도'를 사용해 모든 정부의 하부체계를 보지 않아도 되는 것을 생각해 보라.

우주 과학자들도 '다중 우주', '웜홀', '터널', '창' 등을 통해 같은 개념을 사용한다. 우주의 특정 부분에 진입하기 위해 NASA의 전문가들은 특정한 '창문들'을 통과해야 한다는 것을 이미 알고 있다. 그리고 시간을 세심히 조정해야 한다.[6]

즉 이것은 광속으로 여행할 뿐 아니라, 공간을 '구부리거나' 건너 뛰어 다른 은하계의 원하는 곳으로 직접 갈 수 있다는 것이다.

죽었다가 살아난 사람들은 빛의 '터널들'을 통과해서 곧장 하나님의 앞에 갔었다고 말한다. 그리고 하나님을 모르는 사람들은 엄청나게 어두운 터널을 보았다고 말한다. 분명히 그것은 생각할 거리가 된다!

이것이 이해하기 어려운 것으로 들린다면, 그분이 어떤 분이신지 기억해야 한다! 하나님께서 영원한 것들을 창조하셨다. 그중에서 우리 인간이 최고의 존재이다. 우리 하나님께는 어려운 것이 전혀 없으시다!

---

[6] Stephen W. Hawking, A Brief History of Time 시간의 역사 (Toronto: Bantam Books, 1988), 89.

8장

구름같이 허다한 증인들

우리는 천국이라 불리는 곳의 실체를 보았다. 우리는 거기 사는 영원한 실제 존재들에 대해 많이 배웠다. 또한 우리가 어떻게 예수님처럼 영광스럽게 변화될지 살펴보았다.

이제 천국 시민들에 대해 우리가 아는 바를 자세히 살펴보자.

틀림없이 당신은 사랑하는 사람을 죽음으로 잃었거나 혹은 그런 사람을 알 것이다. 영화된 상태의 사랑하는 사람들이 땅에서 일어나고 있는 일을 아는지 당신은 궁금할 것이다. 그들이 당신이 하는 일을 알까? 그들이 당신의 자녀나 삶에 대해 알까?

아마 당신은 "아무개가 하늘에서 내려다보고 있어요"라고 하는 말을 들었을 것이다. 그것은 그냥 바람인가, 아니면 그것이 사실이라는 증거가 있는가?

사실 성경은 천국 시민들이 무엇을 알고 있는지에 대해 우리에게 많은 것을 알려준다.

먼저 누가복음으로 시작하는 것이 좋겠다. 이것은 그리스도께서 제자들 앞에서 모습이 변하시고 천국 시민인 두 사람이 땅에 나타났던 이야기이다.

이 말씀을 하신 후 팔 일쯤 되어 예수께서 베드로와 요한과 야고보를 데리고 기도하시러 산에 올라가사

기도하실 때에 용모가 변화되고 그 옷이 희어져 광채가 나더라
문득 두 사람이 예수와 함께 말하니 **이는 모세와 엘리야라**
영광 중에 나타나서 장차 예수께서 예루살렘에서 죽으실 것을 말할새
베드로와 및 함께 있는 자들이 깊이 졸다가 온전히 깨어나 예수의 영광과 및 함께 선 두 사람을 보더니
두 사람이 떠날 때에 베드로가 예수께 여짜오되 주여 우리가 여기 있는 것이 좋사오니 우리가 초막 셋을 짓되 하나는 주를 위하여, 하나는 모세를 위하여, 하나는 엘리야를 위하여 하사이다 하되 자기가 하는 말을 자기도 알지 못하더라
이 말 할 즈음에 구름이 와서 그들을 덮는지라 구름 속으로 들어갈 때에 그들이 무서워하더니
구름 속에서 소리가 나서 이르되 이는 나의 아들 곧 택함을 받은 자니 너희는 그의 말을 들으라 하고
소리가 그치매 오직 예수만 보이더라 제자들이 잠잠하여 그 본 것을 무엇이든지 그 때에는 아무에게도 이르지 아니하니라

(눅 9:28-36)

예수님이 기도하시고, 베드로와 요한과 야고보가 졸 때, 하나님의 영광이 임해 예수님의 모습이 변화되셨다.

(앞서 말한 대로, 하나님의 임재는 빛이다. 실제로 하나님의 영광, 페릴라모가 "그들을 둘러 비췄다"고 말씀하신다. 그것은 목자들이 들판에 있을 때 천사들이 그리스도의 탄생을 선포했던 경우와 마찬가지이다.)

예수님의 얼굴이 해같이 빛났고 예수님의 옷이 빛처럼 희어졌다. 그 영광의 광채와 더불어 두 사람이 나타났다. 하나님의 말씀에 따르면, 그

사람들은 모세와 엘리야였다. 그들은 천국 시민들이었다!

모세는 그 사건 수백 년 전에 죽었다. 엘리야는 죽지 않았지만, 역시 수백 년 전에 회오리바람으로 천국으로 이끌려 올라갔었다. 둘 다 오랫동안 천국 시민이었다.

이제 그들이 여기 땅에 계신 예수님과 베드로와 야고보와 요한에게 나타났다. 그들이 사람처럼 보였고, 찬란한 '하나님의 빛'이나 독사 속에 나타났다는 점에 주목하라(눅 9:30-31).

그러나 가장 의미심장한 것은 그들의 대화이다. 모세와 엘리야는 예수님과 얘기할 특정한 목적이 있었다. 그들은 예수님의 지상의 사명과 다가오는 예루살렘의 죽음에 대해 예수님과 얘기했다.

헬라어를 현대 영어로 번역한 J. B. 필립스 성경은 이렇게 말씀한다. "그들은 예수님이 가야 할 길과 예수님이 성취하셔야 할 목표에 대해 말했다." 버클리 번역은 이렇다. "그들은 예수님의 죽음에 대해 말했다."

이 두 천국 시민은 이미 이 땅을 특별하게 떠난 경험을 했다. 그들은 그리스도의 죽음에 대해 말하여, 힘을 드렸다.

그들은 앞에 있는 경주를 완주할 용기를 그리스도께 드렸다.

이러므로 우리에게 구름 같이 둘러싼 허다한 증인들이 있으니 모든 무거운 것과 얽매이기 쉬운 죄를 벗어 버리고 인내로써 우리 앞에 당한 경주를 하며 믿음의 주요 또 온전하게 하시는 이인 예수를 바라보자

(히 12:1-2)

간단히 말해서, 우리는 모세나 엘리야 같은 하늘의 증인들에 둘러싸여 있다. 그들은 우리가 믿음의 경주를 달리려고 무엇을 하는지 알고 있다!

NEB는 이렇게 말씀한다. "그들은 예수님의 죽음과 예수님이 성취할 소명에 대해 논했다"(눅 9:31). 그 증인들은 예수님의 소명에 대해 알았다. 그들은 예수님의 경주와 당면한 것이 무엇인지 알았다. 그들은 이 땅에서 예수님의 사명과 예루살렘에서 예수님에게 계획된 것이 무엇인지 자세히 알았다.

그래서 그들의 논의는 상당히 구체적이고 목적이 있었다. 모세와 엘리야는 천국이 어떻게 얼마나 좋은지에 대해 말하지 않았다. 그들은 황금 길이나 진주 문이나 사파이어 보좌나 영원한 찬양에 대해 말하지 않았다.

그들이 땅 위에 일어나는 사건으로서 영적 영향력이 큰 사건에 대해 논했다는 것은 매우 의미가 깊다. 그들이 그 얘기를 할 수 있었던 것은 그 정보를 알았기 때문이다!

하나님 나라의 일

그러므로 죽은 성도들은 땅 위의 하나님 나라에 무슨 일이 일어나는지 알고 있는 것으로 보인다. 그들은 우리의 영적 진보에 무슨 일이 일어나는지 매우 잘 알고 있는 것 같다. 사실, 성경에 따르면, 그들은 우리의 영적 발전에 지대한 관심을 갖고 지켜보고 있다.

한 부자가 있어 자색 옷과 고운 베옷을 입고 날마다 호화롭게 즐기더라
그런데 나사로라 이름하는 한 거지가 헌데 투성이로 그의 대문 앞에 버려진 채 그 부자의 상에서 떨어지는 것으로 배불리려 하매 심지어 개들이 와서 그 헌데를 핥더라
이에 그 거지가 죽어 천사들에게 받들려 아브라함의 품에 들어가고 부자도

죽어 장사되매

그가 음부에서 고통 중에 눈을 들어 멀리 아브라함과 그의 품에 있는 나사로를 보고

불러 이르되 아버지 아브라함이여 나를 긍휼히 여기사 나사로를 보내어 그 손가락 끝에 물을 찍어 내 혀를 서늘하게 하소서 내가 이 불꽃 가운데서 괴로워하나이다

아브라함이 이르되 너는 살았을 때에 좋은 것을 받았고 나사로는 고난을 받았으니 이것을 기억하라 이제 그는 여기서 위로를 받고 너는 괴로움을 받느니라

그뿐 아니라 너희와 우리 사이에 큰 구렁텅이가 놓여 있어 여기서 너희에게 건너가고자 하되 갈 수 없고 거기서 우리에게 건너올 수도 없게 하였느니라

이르되 그러면 아버지여 구하노니 나사로를 내 아버지의 집에 보내소서

내 형제 다섯이 있으니 그들에게 증언하게 하여 그들로 이 고통받는 곳에 오지 않게 하소서

아브라함이 이르되 그들에게 모세와 선지자들이 있으니 그들에게 들을지니라

이르되 그렇지 아니하니이다 아버지 아브라함이여 만일 죽은 자에게서 그들에게 가는 자가 있으면 회개하리이다

이르되 모세와 선지자들에게 듣지 아니하면 비록 죽은 자 가운데서 살아나는 자가 있을지라도 권함을 받지 아니하리라 하였다 하시니라

(눅 16:19-31)

이 본문이 데이크 주석 성경에 잘 요약된다. "이것은 두 거지의 이야기이다. 한 거지는 지금의 삶에서 구걸했고, 다른 거지는 다음 삶에서 구걸했다."[1]

이 이야기는 비유가 아닐 가능성이 크다. 예수님께서 이 이야기를 하시면서 실명을 사용하셨기 때문이다. 이것은 일어난 사건에 대한 실화인 것으로 보인다. 예수님께서 이것을 사용하셔서 천국과 지옥의 사람들의 의식을 설명하셨다. 그리고 그들이 여기 땅에서 일어나는 일을 인식하고 있다는 것을 설명하셨다.

지옥의 부자와 낙원의 아브라함 모두가 땅에서 무슨 일이 일어나고 있는지 알았다. (부자가 땅에서 알던 거지인 나사로를 쉽게 알아봤다.)

부자와 아브라함이 대화할 때, 그들은 땅에서 부자의 아버지의 집에서 무슨 일이 일어나고 있는지 알았다. 그들은 부자의 다섯 형제들이 아직 하나님께로 돌아오지 않은 것을 알았다. 그 다섯 명이 지옥으로 향하고 있다는 것을 두 사람 모두 알았다. 부자는 자신이 고통 중에 있는 중에도 다섯 형제를 염려해서 사람을 보내 그들을 일깨워달라고 아브라함에게 간청했다.

부자는 "사람을 보내 그들로 이 고통 받는 곳에 오지 않게 하소서"라고 아브라함에게 간청했다(28절). 아브라함은 이런 요지로 말했다. "그들이 이미 땅에 전파된 주의 말씀을 믿지 않는다면, 죽음에서 살아나는 자가 있더라도 믿지 않을 것이다. 너도 땅에 있을 때 믿지 않았던 것과 마찬가지야."

놀랍게도 아브라함과 부자는 둘 다 죽어서 각자 천국과 지옥으로 갔는데, 모두 땅에서 무슨 일이 일어나고 있는지 어느 정도 알았다.

지옥의 고통 중 하나는 사랑하는 사람들이 자신처럼 하나님께 반역하고 지옥에 오게 되는 것을 지켜보는 것이다. 그 시점에서, 당신이 할 수 있는 것은 아무 것도 없다….

---

[1] *Dake's Annotated Reference Bible* 데이크 주석 성경, 79

그것을 아는 것의 목적

죽은 성도들이 우리 삶의 모든 세부사항을 지켜본다고 성경은 제시하지 않는다. 우리가 뭘 입고 어디 가는지 등 삶의 '일상'이나 사소한 측면에 그들이 관심을 갖는다는 증거는 없다.

그러나 그 영화된 경건한 자들이 우리 삶의 주요 사건들과 영적 진보에 관심을 갖는 것으로 보인다. 그들의 가장 중요한 관심사는 구원과 이 땅에서 하나님의 목적을 성취하는 것이다.

그들은 '하늘의 것을 생각하는' 초점을 갖는다.

> 첫 사람은 땅에서 났으니 흙에 속한 (땅을 생각하는) 자이거니와 둘째 사람은 하늘에서 나셨느니라
> 무릇 흙에 속한 자들은 저 흙에 속한 (땅을 생각하는) 자와 같고 무릇 하늘에 속한 자들은 저 하늘에 속한 (하늘을 생각하는) 이와 같으니
> (고전 15:47-48, 확대성경)

수십 개의 간증들이 이 개념을 지지한다. 하나는 케네스 해긴 박사의 간증이다. 그는 「믿음의 말씀」 잡지에서 이것을 회상한다.[2]

그는 55세에 암으로 죽은 자신의 유일한 자매에 대해 말했다. 자매가 죽은 후 아침에, 그는 침대에 누워서 1933년에 자신이 많이 아팠을 때 심장이 멈췄던 때를 생각했다. 그는 그의 영이 몸을 떠나 뒤돌아보았을 때, 그의 몸이 누워 있고 어머니가 그의 손을 붙잡고 있는 것을 보았다.

---

[2] Dr. Kenneth Hagin, Sr. *Word of Faith Magazine* 월간 믿음의 말씀 (June, 1991), 24(6):15.

그는 자매의 죽음에 대해 생각하면서, 그녀가 내려다보았을 때, 그를 비롯한 사랑하는 사람들이 그녀의 병상 곁에 둘러선 것을 보았을 것이라고 생각했다.

해긴 박사는 이렇게 분명히 회고한다.

"갑자기, 하늘로부터 엘리베이터 크기의 광선이 천장을 뚫고 나타났다. 그 빛이 나에게 접촉하자 내 영이 나의 몸을 떠나 그 광선 속으로 올라갔다. 마치 나는 엘리베이터를 타고 올라가는 것처럼 천국에 도달했다.

나는 천국에 도착하자마자, 나의 자매가 예수님과 이야기하고 있는 것을 보았다. 내가 그들에게 다가가자 예수님이 그녀와 얘기하는 것을 멈추셨고, 나의 자매가 몸을 돌려 나를 보았다.

우리가 거기 서서 얘기할 때, 나의 자매는 내게 몇 가지를 말했다. 그녀가 나에게 얘기한 걸 다 말하진 않겠지만, 그 중에 이런 말을 했다. '나는 앤을 보았어요.' [앤은 25세에 교통사고로 죽은 그녀의 딸이다. 앤은 어린 두 자녀를 남겨두고 죽었었다.]

나의 자매가 말을 이었다. '앤이 나에게 처음 한 말은 "빌과 아이들은 어때요?"였어요. [빌은 앤의 남편이었다.] 나는 빌이 재혼했다고 말하지 않았어요. 여기 위의 사람들은 삶의 자연적 측면에는 관심이 없어요. 그들은 사람들이 새 옷을 샀는지, 은행 잔고가 얼마인지에는 관심이 없어요. 그들은 영적인 것에 관심이 있어요. 그들은 당신이 영적으로 뭘 하는지 알아요. 그들은 당신이 그리스도를 위한 결정을 할 때 알아요.'

나의 자매는 하늘에 있는 구름같이 허다한 증인들에 대해 말하고 있었다. 그들은 우리가 영적 경주를 달리는 것을 지켜보고 있었다."

해긴 박사는 말을 이었다. 그녀는 막내아들과 얘기해 달라고 부탁했다. 막내아들이 하나님으로부터 도망가고 있었기 때문이다. 그래서 그녀는 아들과 얘기해 달라고 부탁했다. 주님께로 돌이키지 않으면 아들의 삶이 결코 바로잡히지 않을 거라는 것이었다. 그리고 아들이 돌이키면 그녀가 그 사실을 알 수 있을 거라고 했다. 해긴은 그녀의 아들이 하나님께 재헌신했다는 것으로 이야기를 맺는다…. 앤과 천사들 모두가 그것에 대해 즐거워했을 것이다! (눅 15:10 참조)

우리보다 앞서간 사람들은 하나님의 목적이 결국 성취된다는 것을 잘 알고 있다!

구름같이 허다한 그들과…당신

이 하늘의 증인들이 당신을 격려하려 한다는 것을 기억하라!

하늘의 "더 낫고 영구한 소유"를 상속하려고 이미 경주를 마친 자들이 당신도 그렇게 하도록 격려한다는 사실은 큰 동기부여를 해준다!

이러므로 우리에게 구름같이 둘러싼 허다한 증인들이 있으니 모든 무거운 것과 얽매이기 쉬운 죄를 벗어 버리고 인내로써 우리 앞에 당한 경주를 하며 믿음의 주요 또 온전하게 하시는 이인 예수를 바라보자

(히 12:1-2)

그 증인들은 별세한 사랑하는 가족과 친구들을 모두 포함하며, 성경에 기록된 위대한 믿음의 사람들을 포함한다! 당신의 증인들은 모세, 아브라함, 사도 바울, 다윗, 이사야, 여호수아, 베드로, 야고보, 요한, 히브리서 11장의

모든 '믿음의 위인들', 그리고 물론 예수님을 포함한다!

이 엄청난 무리가 당신을 지켜보고 있다. 그들이 성취한 것과 또 그들이 당신의 경주를 잘 알고 있다는 사실이 당신에게 큰 원동력이 된다! 설령 넘어지더라도 일어나 나아가라. 이 큰 무리가 당신이 하나님 안에서 성공하도록 헌신하고 있기 때문이다!

20세기 번역은 이렇게 말씀한다. "우리의 사방에 큰 증인들의 무리가 있다."

윌리엄 번역은 이렇게 말씀한다. "관람석에 엄청난 관중이 있다."

리빙 바이블은 우리에게 탁월한 그림을 그려준다. "관람석에서 우리를 지켜보는 거대한 무리가 있으므로…인내로 우리의 경주를 경주하자."

이기기를 결단하라

사도 바울이 '경주하다'라는 동사를 썼을 때, 그 당시 히브리인들이 쉽게 이해할 수 있는 스포츠의 예를 사용한 것이다.

그것은 오늘날의 올림픽과 유사한 고대 그리스의 경기를 가리킨다. 운동선수가 경주할 때 관람석에서 지켜보며 응원하는 거대한 열광적 무리에 둘러싸여 있다. 그것은 오늘날의 올림픽 경주와 똑같다.

바울은 그 엄청난 그림이 우리의 생각 속에 자리 잡기를 바랐다. 그는 우리가 경주에 이기겠다는 결심을 단단히 하기를 바랐다!

당신이 사는 이유와 같은 이유로 삶을 내려놓은 사람들을 상상해 보라. 그리스도께 헌신하여 돌에 맞아 죽은 스데반이 당신 앞에서 당신에게 헌신을 권하는 것을 상상해 보라. 믿음의 조상 아브라함이 당신의 믿음을 격려하는 것을 상상해 보라. 하나님께서 만드신 최고의 사람들이 당신에게 엄지손가락을 들어 잘한다는 사인을 보내며 당신의 믿음과 승리를 격려하는 것을 상상해 보라.

그것은 당신의 싸움과 승리에 있어서 당신이 혼자가 아니라는 것을 의미한다. 당신이 하는 모든 것이 중요하다. 당신이 지금 하는 모든 경건한 선택과 희생이 영원한 차이를 만든다! 당신 곁의 구름같이 허다한 무리가 당신을 알고 당신의 경주를 지켜본다. 그리고 당신의 승리를 기다린다!

그들에게 환호할 거리를 주라!

어린이의 순수함과 경이로움만큼 우리를 감동시키는 것은 없다. 또한 아기나 어린이의 죽음만큼 우리를 슬프게 하는 것도 없다.

공정하시고 사랑이신 하나님께서는 천국에서 그들의 자리에 대해 많은 것을 말씀해 주신다.

어쩌면 당신은 자녀의 죽음, 유산, 사산을 경험해 보았을 것이다. 혹은 사랑하는 가족이나 친구가 아기를 잃기도 했을 것이다. 질병이나 사고, 혹은 낙태로 죽은 어린이를 생각하는 사람도 있을 것이다.

하나님께서는 그 어린 생명들에 대한 영원한 계획이 실행될 것이라고 약속하신다. 먼저 성경에서 아기와 어린이의 의식과 책임에 대해 뭐라고 말씀하시는지 살펴보자.

천국에 어린이들이 얼마나 많을지 생각해 본다면, 이것은 특히 중요하다. 미국에서만도 매년 1,500만 명의 아기들이 낙태로 천국에 간다. 게다가 수천 년 동안 전 세계에서 기근, 질병, 낙태로 죽은 아기들이 있다.

수태부터

세상은 혼란을 느끼고 있을지라도, 성경은 언제 사람이 되는지에 대해 매우 분명하다.

"언제 생명이 시작되는지" 하나님이 결정하신다. 하나님의 말씀 전체에서 분명히 밝히시는 것은 수태되는 순간부터 하나님과 직접 관계가 형성된다는 것이다. 시편에 따르면 하나님께서는 당신의 형체가 모태에서 이뤄지는 중에 당신을 아셨고, 당신을 위해 계획된 날들이 하나도 이뤄지기 전부터 그 날들을 다 아셨다(시 139:15-16).

> 여섯째 달에 천사 가브리엘이 하나님의 보내심을 받아 갈릴리 나사렛이란 동네에 가서
> 다윗의 자손 요셉이라 하는 사람과 약혼한 처녀에게 이르니 그 처녀의 이름은 마리아라
> 그에게 들어가 이르되 은혜를 받은 자여 평안할지어다 주께서 너와 함께 하시도다 하니
> 처녀가 그 말을 듣고 놀라 이런 인사가 어찌함인가 생각하매
> 천사가 이르되 마리아여 무서워하지 말라 네가 하나님께 은혜를 입었느니라
> **보라 네가 잉태하여 아들을 낳으리니** 그 이름을 예수라 하라
> 그가 큰 자가 되고 지극히 높으신 이의 아들이라 일컬어질 것이요 주 하나님께서 그 조상 다윗의 왕위를 그에게 주시리니
> 영원히 야곱의 집을 왕으로 다스리실 것이며 그 나라가 무궁하리라
> 마리아가 천사에게 말하되 나는 남자를 알지 못하니 어찌 이 일이 있으리이까
> 천사가 대답하여 이르되 성령이 네게 임하시고 지극히 높으신 이의 능력이 너를 덮으시리니 **이러므로 나실 바 거룩한 이는 하나님의 아들이라 일컬어지리라**
> 보라 네 친족 엘리사벳도 늙어서 아들을 배었느니라 본래 임신하지 못한다고 알려진 이가 이미 여섯 달이 되었나니

대저 하나님의 모든 말씀은 능하지 못하심이 없느니라

마리아가 이르되 주의 여종이오니 말씀대로 내게 이루어지이다 하매 천사가 떠나가니라

이 때에 마리아가 일어나 빨리 산골로 가서 유대 한 동네에 이르러

사가랴의 집에 들어가 엘리사벳에게 문안하니

엘리사벳이 마리아가 문안함을 들으매 아이가 복중에서 뛰노는지라

엘리사벳이 성령의 충만함을 받아

큰 소리로 불러 이르되 여자 중에 네가 복이 있으며 네 태중의 아이도 복이 있도다

내 주의 어머니가 내게 나아오니 이 어찌 된 일인가

보라 네 문안하는 소리가 내 귀에 들릴 때에 아이가 내 복중에서 기쁨으로 뛰놀았도다

주께서 하신 말씀이 반드시 이루어지리라고 믿은 그 여자에게 복이 있도다

(눅 1:26-45)

하나님께서 엘리사벳의 태중의 아기를 '아이'라고 부르신 것에 주목하라. 임신 6개월째였다. 어떤 첨단기술 없이도, 하나님께서는 아들이라는 것을 아셨다! 아이가 아직 엘리사벳의 태중에 있을 때도 하나님께서는 진짜 인간으로서의 정체성을 인정하셨다. 오늘날 우리는 그 아기가 세례 요한이라는 것을 안다.

또 이 본문은 이렇게 어린 아이에 대해 많은 것을 말해 준다. 이 아기는 영적으로 매우 민감해서 하나님의 기름부음이 어머니에게 임하자 모태에서 뛰었다(41절). 그 아기는 분명히 모호한 '조직 덩어리'가 아니라 진짜 인간이었다!

또 엘리사벳이 '아들'을 잉태했다고 분명히 말씀한다(36절). 그냥 수정란이나 접합체나 조직이 아니었다. 요한은 수태되는 순간부터 아들이었다!

잭 헤이포드 목사는 그의 책 『천국에서 너를 안으리』(I'll Hold You in Heaven)¹에서 누가복음의 구절로 더 많은 것을 알려준다.

> 마리아가 석 달쯤 함께 있다가 집으로 돌아가니라
> (눅 1:56)

헤이포드는 이렇게 밝힌다. 마리아가 예수님을 임신했을 때, 엘리사벳이 임신 6개월이라고 들었다. 마리아는 사촌인 엘리사벳에게 가서 엘리사벳의 남은 임신 3개월 동안 같이 있었다. 즉 마리아가 도착해서 엘리사벳이 성령 충만하여 예언했을 때, 마리아의 태에 있는 아기는 불과 며칠 되었을 수 있다.

그러나 그 순간에 마리아의 태에 있는 아이는 "살아 있다"고 칭해졌고 "주"라고 칭해졌다. 하나님이신 그 아기는 수정란이라고 해서 사람이 아닌 것이 아니었으며, 불과 며칠 되었다고 해서 사람이 아닌 것이 아니었다(42-43절).

천사 가브리엘은 이미 선포했다.

"보라 네가 잉태하여 아들을 낳으리니 그 이름을 예수라 하라"(31절). 예수님은 수태되는 순간부터 육신이 되신 예수님이셨다. 그 순간 이후로 그는 주님이셨다.

---

1 Jack Hayford, I'll Hold You in Heaven 천국에서 너를 안으리 (Ventura, CA: Regal Books, 1986).

거룩한 소명

생명이 수태 때부터 시작된다는 데 대해 성경은 일관적이다. 예레미야 1장은 수태 순간부터 우리의 소명이 있다는 데 대해서 더 구체적으로 말씀한다.

> 여호와의 말씀이 내게 임하니라 이르시되
> 내가 너를 모태에 짓기 전에 너를 알았고 네가 배에서 나오기 전에 너를 성별하였고 너를 여러 나라의 선지자로 세웠노라 하시기로
>
> (렘 1:4-5)

모팻의 구약 번역에서는 이렇게 말씀한다. "내가 너를 태에 형성하기 전에 너를 선택했다." 녹스 번역은 이렇게 말씀한다. "내가 너를 어머니의 태에서 이루기 전에 너를 나를 위해 구별했다." 확대 성경은 이렇게 말씀한다. "내가 너를 태에 짓기 전에 너를 알고 인정했다."

분명히 하나님께서는 태어나기도 전에 모든 어린이에 대한 목적을 가지신다. 하나님께서 수태 순간부터 그 어린이에 대한 의도와 방향을 가지신다. 그것은 당신에 대해서도 하나님이 목적을 가지신다는 것을 의미한다…예외는 없다!

임신 3개월만 되어도 태아의 신체가 얼마나 정교한지 생각해 보라. "3주가 되면 대뇌엽이 구별된다. 4주가 되면 머리와 얼굴을 알아볼 수 있고 심장 박동이 시작된다. 5~6주가 되면 눈이 나타나고 다리와 근육이 나타난다. 8주가 되면 수정란에서 태아 단계로 넘어간다. 성이 구별되고, 아기가 고개를 돌릴 수 있고, 눈을 가늘게 뜰 수 있고, 얼굴을 찡그릴 수 있고,

주먹을 쥘 수 있고, 심지어 딸꾹질도 할 수 있다. 이 모든 것이 임신 3개월 전에 일어난다!"²

이 모든 것을 놀랍게 창조하신 하나님께서 모든 생명에 대한 계획을 가지신다.

실수가 없으시다

그것은 우리 모두에게 좋은 소식이다. 출생 배경이 어떻든 말이다. 그러므로 당신이 여기 있는 것은 우연이나 사고가 아니다. 피임약이 효과가 없어서 당신이 여기 있는 것이 아니다. 당신이 태어나서 하나님을 놀라게 한 것이 아니다. 당신의 잉태 전에 하나님이 이미 당신을 아셨다.

> 내가 은밀한 데서 지음을 받고 땅의 깊은 곳에서 [다채로운 색상으로 수놓아지듯]
> 기이하게 지음을 받은 때에 나의 형체가 주의 앞에 숨겨지지 못하였나이다
> 내 형질이 이루어지기 전에 주의 눈이 보셨으며 [내 생애의] 나를 위하여 정한
> 날이 하루도 되기 전에 주의 책에 다 기록이 되었나이다
>
> (시 139:15-16, 확대성경)

베이식 잉글리시 성경은 같은 구절을 이렇게 번역한다. "나의 이뤄지지 않은 실체를 당신의 눈이 보셨고 당신의 책에 나의 모든 날들이 기록되었습니다. 전에 계획되었던 모든 것들이 존재하게 되었습니다."

R. K. 해리슨이 히브리어를 현대 영어로 번역한 것은 이렇게 말씀한다.

---

2 Life Magazine reprint on the first trimester of life, copyright 1979.

"당신이 나의 형체 없는 실체를 인식하셨고, 나를 위하여 의도된 날들이 존재하기도 전에 평가되어 기록되었습니다."

당신이 계획되었고 당신의 삶에 목적이 있다고 확실히 말할 수 있다! 하나님께서 모든 어린이에 대해 그렇게 하신다.

영원한 청사진

더 정교한 기적이 해리슨 번역의 16절에 나온다. 이 구절에 주목해 보라. "나를 위하여 의도된 날들이 존재하기도 전에 평가되어 기록되었습니다."

잭 헤이포드도 그의 책 『천국에서 너를 안으리』(I'll Hold You in Heaven)에서 말한다. 이 구절에서 말하는 '기록' 혹은 '책'은 과학자들이 아는 것으로서, 당신의 고유한 디자인과 실체의 완전한 청사진이다. 즉 그것은 당신의 DNA 세포이다!

하나님께서 각 생명을 세밀히 계획하셔서 사람들의 미래에 대한 '코드'가 한 DNA 세포 안에 있게 하셨다. 그래서 놀랍게도 가장 작은 아기조차 천국에서 부활될 수 있다.

생각해 보라. 미생물학자들은 당신의 몸의 모든 세포에 당신이 누구인지에 대한 완전하고 고유한 계획이 새겨져 있음을 안다. 현미경으로 DNA를 살펴보면, 성, 머리카락 색깔, 인종, 눈 색깔, 특징, 그리고 대략의 키까지 알 수 있다.

헤이포드는 말한다. "모든 세포에 당신이 누구인가의 얼개가 담겨 있다. 즉 유산되거나 낙태된 어린이의 조직의 가장 작은 세포들에도 신체적 발달과 외모의 메시지가 이미 담겨 있다."[3]

즉 하나님께서는 태어나지도 않은 아기가 12세, 20세, 혹은 30대에 어떤 모습일지 아신다. 이미 살펴보았듯이, 우리는 천국에서 이디오스 자아로 부활한다. 그것은 우리 자신으로 보이는 영화된 몸이다(고전 15 참조).

우리 모두가 '30대', 혹은 다른 알맞게 성숙한 자신으로 나타날 것이다. 어린 아기도 그렇게 되는 것이 타당해 보인다. 천국의 즐거움과 깊이는 성숙한 어른이라야 가장 잘 알 수 있기 때문이다.

놀라운 DNA 청사진이 있기 때문에 어린이도 천국에 도착하면 이디오스 자아로 자라는 것이 가능할 것이다. 그 아기가 숨을 쉬어본 적도 없다거나 죽었다는 것은 문제가 되지 않을 것이다. 그들은 죽음에서 일어나 그들의 모습을 가질 것이며 흠이 없을 것이다. 하나님께서 그렇게 하시는 데 세포 하나만 있으면 된다. 하나님께서 그들을 만드시고 그들의 인생을 기록하신다!

공정하신 하나님

죽은 아기와 어린이가 천국에 간다는 것을 어떻게 알까? 책임진다는 개념이 그것을 분명히 해준다.

성인은 그리스도를 위한 결정을 근거로 판단을 받아서 천국에 들어갈지, 아닐지 결정된다. 하나님께서 그 결정에 대해 각 사람에게 책임을 물으신다. 그러나 아기나 어린이는 그런 선택을 할 수 없다.

성경은 하나님의 공정하심에 대해 분명하므로, 책임질 수 있는 나이 전에 죽은 어린이와 아기를 천국에 받아들이는 것 외의 다른 것은 옳지 않을 것이다.

---

3 Hayford, I'll Hold You in Heaven 천국에서 너를 안으리, 77.

아브라함과 하나님이 창세기에서 만났던 것을 기억하는가? 아브라함은 소돔과 고모라에서 의인을 악인과 더불어 멸하시겠냐고 물었다(창 18장 참조). 아브라함은 하나님의 공정하심에 호소했다. 물론 의인에게 해를 끼치는 것은 하나님이 바라시는 것이 아니었다. 그래서 하나님은 그 이슈를 아브라함 앞에 가져오셔서 중보하게 하셨다. 하나님은 의인을 멸하지 않으실 것이고, 멸하지 않으셨다.

하나님은 항상 옳은 것을 하실 것이다. 그래서 하늘에서 내려오셔서 의로운 계보가 시작되게 하셨다. 아브라함과 사라에게도 그렇게 하셨다. 하나님의 임재 안에 들어오는 사람에게도 마찬가지이다. 죄를 의식하기 전에 죽은 아기나 어린이가 곧장 천국으로 가는 것 외에 다른 정당한 길은 없을 것이다. 예수님께서 그 어린이의 구원을 위해 이미 값을 치르셨다.

이것은 정신질환이 있는 사람들도 포함할 것이다. 어떤 사람이 50세가 되어도 정신 연령은 5세에 불과할 수 있다. 공정하신 하나님께서는 그런 사람에게 책임을 묻지 않으실 것이다. 그들도 죽으면 곧장 천국으로 갈 것이다.

또한 사산된 아기, 유산된 아기, 출생 며칠 후 죽은 신생아, 유산된 아기, 재난, 질병, 사고로 책임질 수 있는 나이 전에 죽은 어린이들도 곧장 천국으로 갈 것이다.

> 아담 안에서 모든 사람이 죽은 것 같이 그리스도 안에서 모든 사람이 삶을 얻으리라
>
> (고전 15:22)

아담의 죄 때문에 지옥에 가는 사람은 아무도 없다는 것을 이해하는 것이 중요하다. 정의로우신 하나님이 그렇게 하신다면 공정하지 않을

것이다. 당신이 지옥에 간다면, 당신 자신의 죄 때문일 것이다. 그것은 당신이 책임질 수 있는 나이 이후에 지은 죄 때문일 것이다. 즉 잘못을 알고도 죄를 지은 것이다.

그런 죄가 사람을 지옥에 가도록 정죄한다. 그리스도의 피로 용서와 정함을 받지 않는 한 말이다. 그것은 예수님께서 값을 치러 주셨다는 것을 알 수 있을 정도로 나이가 들기 전에 지은 죄 때문이 아니다.

하나님의 하늘로부터의 공급

하나님께서 아기와 어린이를 천국에 들어가게 하실 뿐 아니라, 그들을 사랑으로 어떻게 돌보시는지에 대해 우리에게 많은 것을 말씀해 주신다. 예수님께서 친히 말씀하셨다.

> 삼가 이 작은 자 중의 하나도 업신여기지 말라 너희에게 말하노니 그들의 천사들이 하늘에서 하늘에 계신 내 아버지의 얼굴을 항상 뵈옵느니라
> (마 18:10)

그들이 하나님께 직접 나아간다. 잭 헤이포드는 직접 나아갈 수 없는 나이는 기록되지 않는다고 말한다. 그것은 아이마다 다르다. 그러나 한 가지는 분명하다. 태어나지 않은 아기, 사산된 아기, 아주 어릴 때 죽은 어린이는 그 연합을 깨뜨리지 않았다. 그래서 하나님과의 직접적인 관계가 그들에게 열려 있다.

천사들

이 구절을 통해, 우리는 하나님께서 어린이와 아기에게 천사를 붙여주신다는 것을 알 수 있다. 그 천사들이 그들을 대신해 하나님과 소통한다고 기록되었다.

어떤 사람들은 그 천사들이 일찍 죽은 어린이의 부활에 대한 책임을 맡는다고 생각한다. 그 천사들이 하나님의 감독 하에서 그 어린이의 하늘에서의 교육을 도울 것이다.

정의와 사랑의 하나님께서 여기 땅에서 잃어버린 아동기를 벌충시켜주실 것이라는 것은 일리가 있다. 어떤 결여도 채워주실 것이라는 것 역시 일리가 있다! '아바 아버지'께서 자상한 관심으로 바로잡아주실 것이다(롬 8:15 참조).

하나님의 임재 안에서 부활한 어린이는 그것이 훨씬 더 쉬울 것이다. 그들은 땅의 한계, 죄, 반항심 등 땅에 있는 자들이 싸워야 할 것들로부터 자유롭기 때문이다!

용서

어린이들에 대한 하나님의 완전한 계획을 이해하지 않고는 본 장이 완전하지 못할 것이다. 그 어린이들의 죽음이 우리 손에서 일어났더라도 말이다. 최근 낙태율이 높다 보니 이 책을 읽는 독자도 필시 연관이 있을 것이다.

그러나 하나님께서는 이미 우리의 이기성과 죄를 보셨고 완전한 용서를 계획하셨다. 우리를 구속하기 위한 영원한 방법을 제공하셨다. 그리스도를 믿으며 죄를 회개한 모든 사람은 낙태로 잃어버린 자녀를 천국에서 보고 포옹하게 될 것이다.

예수 그리스도의 피로 정죄의 채찍이 영원히 사라진다.

다윗 왕과 그의 아들인 아기의 이야기를 생각해 보라(삼하 12:13-23 참조). 그 어린 소년의 죽음은 다윗의 죄의 결과였다. 다윗은 밧세바와 간음을 저지르고 그녀의 남편 우리아를 살해해 죄를 은폐하려 했다. 나단 선지자는 다윗이 저지른 살인과 죄로 아들이 죽을 것이라고 예언했다.

여호와의 말씀이 이뤄져 어린 아기가 칠 일 후 죽었다. 그 죽음은 다윗의 잘못이었다. 그 상황은 낙태와 그리 다르지 않다.

그런데 다윗의 아들의 탄생과 죽음 사이의 한 주 동안에, 우리는 놀라운 진리를 본다. 물론, 다윗의 죄로 인한 비극적 결과가 있었다. 그러나 또한 구속도 있었다.

아이가 살아 있는 칠 일 동안 다윗이 얼굴을 땅에 대고 기도하며 울었다고 한다. 다윗은 먹지 않았다. 그는 잠도 거의 자지 않았다. 눈물이 그의 양식이었다. 그러다 마침내 일곱째 날에 아이가 죽었다.

반가운 재회

가장 비극적인 상황 속에서도, 우리는 하나님의 아들께서 흘리신 피를 통해 하나님과 화목해질 수 있고 즐거운 재회를 맞이할 수 있다.

그랜트 제프리가 딱 맞는 말을 했다. "그리스도인에게 있어서는 죽음이 우리의 사랑을 이길 수 없다. 사랑을 잠시 지연시킬 뿐이다. 천국은 재회의 기쁨이 영원히 회복되는 곳이다."[4]

---

[4] Grant Jeffrey, Heaven, the Last Frontier 천국, 마지막 신세계 (Toronto, Ontario: Frontier Research Publications, 1990), 188.

다윗 왕은 이 재회를 확신했다. 영원한 시간에 비춰볼 때는 죽음도 순간의 지연일 뿐이다. 아이를 잃은 모든 경우, 모든 유산, 모든 사산, 모든 사고사, 그리고 모든 낙태가 거기에 해당된다. 그리스도 안에서 믿음을 지키는 자는 즐거운 재회를 보장받는다.

하늘의 아버지께서 얼마나 큰 소망을 우리에게 주시는가! 자녀를 잃은 공허함을 느낀 자들을 위해, 그 자녀를 다시 안을 것이라고 하나님께서 신자에게 약속하신다.

또한 당신의 자녀는 영원한 소명과 목적을 가지고 있으므로 하나님께서 친히 그것을 이루실 것이라고 말씀하신다. 당신의 사랑하는 자녀를 하나님이 친히 돌보실 것이며 천사들이 도울 것이라고 약속하신다. 큰 재회의 날, 단절되지 않는 관계의 날을 약속하신다. "그 아이들은 당신에게 올 수 없지만…당신은 그 아이들에게로 갈 수 있다!"

그 구름같이 허다한 무리의 증인들에 동참한 천국의 어린이들이 당신에게 전진하라고 격려한다!

우리가 갈 천국의 실제 모습에 대해 아는 것이 얼마나 즐거운가! 우리는 우리 하나님의 성, 새 예루살렘에 대해 알 수 있다! 이것을 보라.

또 내가 새 하늘과 새 땅을 보니 처음 하늘과 처음 땅이 없어졌고 바다도 다시 있지 않더라
또 내가 보매 거룩한 성 새 예루살렘이 하나님께로부터 하늘에서 내려오니 그 준비한 것이 신부가 남편을 위하여 단장한 것 같더라
내가 들으니 보좌에서 큰 음성이 나서 이르되 보라 하나님의 장막이 사람들과 함께 있으매 하나님이 그들과 함께 계시리니 그들은 하나님의 백성이 되고 하나님은 친히 그들과 함께 계셔서
모든 눈물을 그 눈에서 닦아 주시니 다시는 사망이 없고 애통하는 것이나 곡하는 것이나 아픈 것이 다시 있지 아니하리니 처음 것들이 다 지나갔음이러라
보좌에 앉으신 이가 이르시되 보라 내가 만물을 새롭게 하노라 하시고 또 이르시되 이 말은 신실하고 참되니 기록하라 하시고
또 내게 말씀하시되 이루었도다 나는 알파와 오메가요 처음과 마지막이라 내가 생명수 샘물을 목마른 자에게 값없이 주리니
이기는 자는 이것들을 상속으로 받으리라 나는 그의 하나님이 되고 그는 내 아들이 되리라

그러나 두려워하는 자들과 믿지 아니하는 자들과 흉악한 자들과 살인자들과 음행하는 자들과 점술가들과 우상 숭배자들과 거짓말하는 모든 자들은 불과 유황으로 타는 못에 던져지리니 이것이 둘째 사망이라

일곱 대접을 가지고 마지막 일곱 재앙을 담은 일곱 천사 중 하나가 나아와서 내게 말하여 이르되 이리 오라 내가 신부 곧 어린 양의 아내를 네게 보이리라 하고

성령으로 나를 데리고 크고 높은 산으로 올라가 하나님께로부터 하늘에서 내려오는 거룩한 성 예루살렘을 보이니

하나님의 영광이 있어 그 성의 빛이 지극히 귀한 보석 같고 벽옥과 수정 같이 맑더라

크고 높은 성곽이 있고 열두 문이 있는데 문에 열두 천사가 있고 그 문들 위에 이름을 썼으니 이스라엘 자손 열두 지파의 이름들이라

동쪽에 세 문, 북쪽에 세 문, 남쪽에 세 문, 서쪽에 세 문이니

그 성의 성곽에는 열두 기초석이 있고 그 위에는 어린 양의 열두 사도의 열두 이름이 있더라

내게 말하는 자가 그 성과 그 문들과 성곽을 측량하려고 금 갈대 자를 가졌더라

그 성은 네모가 반듯하여 길이와 너비가 같은지라 그 갈대 자로 그 성을 측량하니 만 이천 스다디온이요 길이와 너비와 높이가 같더라

그 성곽을 측량하매 백사십사 규빗이니 사람의 측량 곧 천사의 측량이라

그 성곽은 벽옥으로 쌓였고 그 성은 정금인데 맑은 유리 같더라

그 성의 성곽의 기초석은 각색 보석으로 꾸몄는데 첫째 기초석은 벽옥이요 둘째는 남보석이요 셋째는 옥수요 넷째는 녹보석이요

다섯째는 홍마노요 여섯째는 홍보석이요 일곱째는 황옥이요 여덟째는

녹옥이요 아홉째는 담황옥이요 열째는 비취옥이요 열한째는 청옥이요 열두째는 자수정이라

그 열두 문은 열두 진주니 각 문마다 한 개의 진주로 되어 있고 성의 길은 맑은 유리 같은 정금이더라

성 안에서 내가 성전을 보지 못하였으니 이는 주 하나님 곧 전능하신 이와 및 어린 양이 그 성전이심이라

그 성은 해나 달의 비침이 쓸 데 없으니 이는 하나님의 영광이 비치고 어린 양이 그 등불이 되심이라

만국이 그 빛 가운데로 다니고 땅의 왕들이 자기 영광을 가지고 그리로 들어가리라

낮에 성문들을 도무지 닫지 아니하리니 거기에는 밤이 없음이라

사람들이 만국의 영광과 존귀를 가지고 그리로 들어가겠고

무엇이든지 속된 것이나 가증한 일 또는 거짓말하는 자는 결코 그리로 들어가지 못하되 오직 어린 양의 생명책에 기록된 자들만 들어가리라

또 그가 수정 같이 맑은 생명수의 강을 내게 보이니 하나님과 및 어린 양의 보좌로부터 나와서

길 가운데로 흐르더라 강 좌우에 생명나무가 있어 열두 가지 열매를 맺되 달마다 그 열매를 맺고 그 나무 잎사귀들은 만국을 치료하기 위하여 있더라

다시 저주가 없으며 하나님과 그 어린 양의 보좌가 그 가운데에 있으리니 그의 종들이 그를 섬기며

그의 얼굴을 볼 터이요 그의 이름도 그들의 이마에 있으리라

다시 밤이 없겠고 등불과 햇빛이 쓸 데 없으니 이는 주 하나님이 그들에게 비치심이라 그들이 세세토록 왕 노릇 하리로다

(계 21:1-22:5)

천국에 대한 이 묘사는 우리의 상상을 초월하는 것 같다! 그러나 우리가 이 본문을 더 자세히 살펴볼수록, 이 장엄함이 정말 사실이라는 것을 알게 될 것이다.

많은 사람들은 우리의 영원한 성에 대한 이 묘사가 유쾌한 비유라고 생각한다. 그렇게 생각하는 것은 앞으로 일어날 일에 대한 우리의 소망을 잃게 한다! 그것은 비극이다. 그러나 사람을 땅의 흙으로 창조하신 하나님이시라면, 새 예루살렘을 그렇게 풍성하게 건축하신다는 말씀을 이루시는 데 문제가 없으시다.

우리를 기다리는 피조 세계는 "눈으로 보지 못하고 귀로 듣지 못한"(고전 2:9) 것이다. 이 세상의 시시한 부는 하나님의 보좌를 가장 사소하게 반영할 뿐이다!

그 성이 어디 있을 것이며 어떤 곳일지 하나님이 이미 우리에게 암시해 주셨다.

새로워진 땅

새 예루살렘을 지금 하나님이 천국에서 짓고 계신다. 그것은 하나님의 성이며, 지금의 천국의 충만함으로 이뤄진다.

그러나 성경은 예수님의 천년왕국 통치 후, 하나님께서 **새 하늘과 새 땅**을 만드실 것이라고 약속한다. 그리고 나서 새 예루살렘 전체가 내려와서 새로 만들어진 땅 위에 영원히 있을 것이다.

또 내가 새 하늘과 새 땅을 보니 처음 하늘과 처음 땅이 없어졌고 바다도 다시 있지 않더라

(계 21:1)

이 본문에서 '새'는 완전히 다른 새로운 것을 의미하지 않는다. 존재하지 않았다가 지금 만들어지는 것이 아니다. 이 헬라어 카이노스는 '질적으로 새로운', '새로워지다', '새로워지는'을 의미한다.

하나님께서 그 과정을 마치시고 나면 이 옛 땅은 훨씬 달라질 것이다. 우리는 아직 그것을 보지 못했다!

하나님께서 원래 창조하시고 "좋았더라!"고 말씀하신 땅을 하나님께서 완전히 새롭게 하실 것이다. 하나님께서 원래 의도하신 대로 될 것이다. 대기권이나 하늘, 우리가 아는 모든 것을 새롭게 하실 것이다.

이 본문의 '땅'은 헬라어로 '토양', '지면'을 의미한다. 하나님께서 땅의 흙을 새롭게 하시면, 인간의 죄와 반역과 오용으로 인한 모든 오염이 불살라져서 땅과 하늘이 완전히 정결하고 깨끗해질 것이다. 하나님께서 어떻게 그렇게 하시는지 우리에게 말씀해 주신다.

> 그러나 주의 날이 도둑 같이 오리니 그 날에는 하늘이 큰 소리로 떠나가고 물질이 뜨거운 불에 풀어지고 땅과 그 중에 있는 모든 일이 드러나리로다
>
> (벧후 3:10)

과학적 가설

많은 사람들은 이런 종류의 녹음, 불탐, 새로워짐이 일종의 수소 폭발일 것이라고 생각한다. 예를 들어, 1980년대에 공군이 마셜 제도의 비키니 섬에서 수소폭탄을 폭발시켰다. 폭발이 너무 강력해서 공기 중에 폭발이 세 번 더 일어났다.

중성자, 전자, 양성자의 폭발이 너무 격렬해서 섬 주변의 물에까지

불이 붙었다. 과학자들은 안다. 만일 네 번째 폭발까지 일어났더라면, 전 세계에서 연쇄 폭발이 일어났을 것이다. 그러면 그 폭발들로 지구의 대기권이 사라지고, 토양과 바다도 불탔을 것이다.

이럴 가능성이 있다. 하나님의 때에 하나님께서 그런 폭발을 사용하셔서 물질을 녹이시고 땅의 변화를 시작하실 수 있다. 어떻게 그런 갱신이 이뤄질지 우리가 정확히 몰라도, 한 가지는 확실하다. 그 일이 일어날 것이다! '새' 땅이 있을 것이다.

새 지구의 지형

대기권과 땅이 새로워짐에 따라, 우리가 성경에서 알 수 있는 사실은 "바다가 다시 있지 않더라"는 것이다(계 21:1). 이것은 새 땅에 물이 없다는 말이 아니다. 많은 성경 구절들이 강들과 작은 바다들이 있을 것이라고 말씀한다(시 72:7-8, 사 42:4,10, 렘 5:22, 33:22, 계 22:1-2 참조). 그럼에도 불구하고 새 땅에 대양은 없을 것이다. 즉 엄청난 넓이의 땅이 거주 가능해진다.

그 새로운 땅은 만왕의 왕께서 그의 백성과 영원히 살기에 완벽한 장소이다. 새로운 땅이 늘어남에 따라, 하늘에서 내려오는 새 예루살렘의 크기에 맞을 것이다. 그것은 얼마나 놀라운 도시이겠는가!

또 내가 보매 거룩한 성 새 예루살렘이 하나님께로부터 하늘에서 내려오니 그 준비한 것이 신부가 남편을 위하여 단장한 것 같더라
내가 들으니 보좌에서 큰 음성이 나서 이르되 보라 하나님의 장막이 사람들과 함께 있으매 하나님이 그들과 함께 계시리니 그들은 하나님의 백성이 되고 하나님은 친히 그들과 함께 계셔서

(계 21:2-3)

성 안에서 내가 성전을 보지 못하였으니 이는 주 하나님 곧 전능하신 이와 및 어린 양이 그 성전이심이라

(계 21:22)

즉 전능하신 주 하나님과 어린 양 예수님께서 이 거룩한 도시에서 우리 중에 보좌를 두실 것이고, 그분들의 영원한 처소가 새 땅 위에 있다는 것이다. 그분들은 우리와 함께 영원히 거하시기로 선택하셨다. 멀리 떨어진 다른 곳에 계시지 않는다. 얼마나 놀라운 영원한 특권과 기쁨인가!

다시 저주가 없으며 하나님과 그 어린 양의 보좌가 그 가운데에 있으리니 그의 종들이 그를 섬기며
그의 얼굴을 볼 터이요 그의 이름도 그들의 이마에 있으리라
다시 밤이 없겠고 등불과 햇빛이 쓸 데 없으니 이는 주 하나님이 그들에게 비치심이라 그들이 세세토록 왕 노릇 하리로다

(계 22:3-5)

하나님의 성

우리 하나님의 성을 더 잘 알게 도와주는 최소한 아홉 가지 설명이 있다.
1. 그것은 **거룩한 성**이다(계 21:2).
2. 그것은 **어린 양의 신부**로서, 그의 백성이 거하는 곳이다. 그들은 그의 아들과 연합되도록 준비된 자들이다(계 21:2).

3. 그것은 **하나님의 장막**이다. 거기에 하나님의 보좌가 있다(계 21:3, 13:6, 15:5).

4. 그것은 **거룩한 예루살렘**이다. 그것은 하나님이 친히 거하시는 거룩한 곳이다(계 21:10).

5. 그것은 **큰 성**이다. 우주의 수도이며 그 장관을 비할 데가 없다(계 21:10).

6. 그것은 **새 예루살렘**이다(계 21:2).

7. 그것은 **하늘의 예루살렘**이다. 그것은 땅에서 사람들이 종종 우상시하는 땅의 예루살렘을 훨씬 능가한다(히 12:22-23).

8. 그것은 '**내 아버지 집**'이다. 예수님께서 우리를 위해 처소를 예비하러 가신다고 하실 때 이 성에 대해 말씀하셨다. 그곳에는 정말로 집이 많다. "그렇지 않으면 너희에게 일렀으리라"(요 14:1-3 참조).

9. 그것은 **살아계신 하나님의 성**이다(히 12:22-23).

그리고 그곳의 아름다움은?
아무리 해도, 그 도시가 얼마나 아름다운지 말로 다 설명하기 어려울 것이다. 그 도시는 하나님이 건축자이시다!(히 11:10 참조)
비할 데 없는 우리의 건축가와 그분의 작품은 우리의 이해를 훨씬 초월한다. 그보다 멋지고 매혹적인 것은 없다. 세계의 대도시들, 가령 파리, 런던, 뉴욕, 로스앤젤레스를 통틀어 말하더라도, 그것들은 우리 아버지 집에 비하면 '슬럼가'에 불과할 것이다.
인간의 가장 멋진 성취, 즉 가장 웅장한 건물이나 가장 눈에 띄는 고층 빌딩들이나 우아한 성당이라도 모두 한계가 있다. 그것들은 사람의 손으로 만들어진 것들이기 때문이다.

상상할 수 있는 가장 아름다운 자연도 창조자께서 친히 만드신 하나님의 성의 다채로움과 웅장함과 장엄함 앞에서는 퇴색한다.

요한계시록에서 요한이 그 성을 한 번 본 것만으로도 숨이 막히기에 충분했다. 하나님께서 이 성을 창조하실 때 가장 영광스러운 수고를 기울이셨다. 그것과 비교할 때는 그 어느 것도 무색해지고 만다.

우리는 아직 모르는 그것을 마음에 그려볼 수 있을 뿐이다!

규모

이 성의 크기를 생각해 보라.

요한계시록에서는 이 성의 규모를 가로 세로 각각 1만2,000스다디온의 정사각형이라고 밝힌다(계 21:10-21). 1만2,000스다디온은 2,400km이다! 즉 이 성은 가로 세로가 각각 2,400km이다. 그것은 576만 km²이다!

그 크기를 가늠하려면, 가로로 로키산맥에서부터 애팔래치아 산맥까지, 그리고 세로로 캐나다 국경에서부터 멕시코 만까지를 상상해 보라. 그것이 약 2,400km이다.

텍사스 주 댈러스에서 워싱턴 DC까지 정사각형 땅이 새 예루살렘의 크기의 예이다. 그것은 우리가 아는 도시 6억2,500만 개다!

더 있다. 성은 또한 2,400km 높이이다. 우리가 아는 대기권의 높이는 24~32km에 불과하다. 우리의 재창조된 지구에서는 대기권도 다시 만드시겠다고 하나님이 이미 약속하셨다. 하나님의 성에 맞추려면 다시 만드셔야 할 것이다!

오랫동안 사람들은 이 성이 어떻게 그렇게 높을 수 있는지 궁금하게 여겨 왔다. 많은 화가들이 새 예루살렘을 고층아파트처럼 이상하게 그려왔다.

그러나 성경을 더 면밀히 살펴보면 새 예루살렘이 그냥 정육면체가 아니라는 것을 알 수 있다. 엄청난 담이 그 성을 둘러싼다고 묘사된다. 성 자체가 정육면체라면 담이 필요하지 않을 것이다! 정육면체의 측면 자체가 담이 될 것이다.

성이 산들로 이뤄져 있다면 더 타당할 것이다. 이 산들은 담 안에서 낮은 산기슭으로 시작되어 최고봉이 2,400km에 달하게 될 것이다. 그 최고봉이 시온산일 것이다.[1] 이 성을 이런 식으로 생각해 봄으로써 오해를 제거할 수 있고 실제 새 예루살렘을 더 잘 그려볼 수 있다.

성경의 다른 자료들도 이 개념을 지지한다.

> 그러나 너희가 이른 곳은 시온 **산**과 살아 계신 하나님의 도성인 하늘의 예루살렘과 천만 천사와
>
> (히 12:22)

이 구절을 J. B. 로더햄 번역은 이렇게 말씀한다. "그러나 너희는 시온 산에 다가갔다." 분명히 산이라 부르며, 성경 전체에 그런 식으로 묘사된다.

오늘날 이스라엘의 시온 산을 보면 이 땅의 예가 된다. 그것은 하늘의 시온 산 위에 있을 하늘의 예루살렘의 작은 모델이다.

요한계시록의 다른 구절들도 이 개념에 신빙성을 더해준다. 요한은 이렇게 썼다. "또 내가 보니 보라 어린 양이 시온 산에 섰고 그와 함께 십사만 사천이 서 있는데 그들의 이마에는 어린 양의 이름과 그 아버지의 이름을 쓴 것이 있더라"(계 14:1). 요한은 새 예루살렘의 시온 산에 계신 예수님을 보았다.

---

[1] Finis Jennings Dake, God's Plan for Man 사람을 위한 하나님의 계획 (Lawrenceville, GA: Dake Bible Sales, Inc., 1949, 1977), 990.

우리가 그 성이 시온 산의 장관으로 영화로워진 것을 보게 되는 그 날이 얼마나 대단할까! 그것을 시편에서는 "온전히 아름다운 시온"이라고 말씀한다(시 50:2).

모두를 위한 곳

그 가장 높은 산에 하나님의 보좌의 공간이 있다. 그 최고봉에서 하나님께서 온 우주를 다스리신다.

모세는 같은 패턴을 땅의 장막을 만드는 데 사용했다. 그리고 거기서 이스라엘이 하나님을 예배했다(히 8:5 참조). 그러나 하늘의 성전은 우리가 땅에서 알았던 어떤 것도 능가한다. "그리스도께서는 참 것의 그림자인 손으로 만든 성소에 들어가지 아니하셨기" 때문이다(히 9:24a). 요한은 예수님께서 친히 하나님의 장막으로 나타나시는 것을 보았다. 그것은 어떤 건물의 영광스러움이나 건물의 필요성을 능가했다(계 21:3 참조).

성경에서 새 예루살렘의 시온 산의 정확한 크기를 말씀해 주지 않지만, 엄청날 것이 분명하다. 보좌가 있는 공간의 바닥을 수정 같은 유리 바다라고 표현할 정도이다(계 4:6 참조). 하나님의 보좌 앞에 설 무수한 수의 영화된 신자들이나 예수님과 함께 설 14만 4,000명을 생각하면(계 14:3) 그들이 들어갈 정도로 충분히 커야 한다. 또한 무수한 천사들도 있을 것이다!

그 가장 높은 산꼭대기, 하나님의 집에 그때까지 살았던 모든 신자와 성도를 수용할 잔치 시설이 있다(계 19:9 참조). 우리의 첫 집회인 어린양의 혼인잔치는 이후로 영원히 어쩌면 수백만 번 이어질 무수한 집회들의 시작일 것이다.

시온 산을 수백 킬로미터 둘러싼 반경 내에 산들과 골짜기들이 있고 그 위에 성도들의 '많은 집들'이 있을 것이다. 헬라어로 '집'은 모네로서, '거주지'를 의미한다(요 14:2). 즉 하나님의 집에서 보면 시선이 닿는 곳까지 하나님의 백성의 집들이 가득할 것이다.

거기에 당신의 집이 있다! 예수님께서 모든 그리스도인을 위해 처소를 예비하고 계신다. 하나님이 자녀를 위해 지으시는 처소들은 매우 특별할 것이다. 하나님의 동네에 산다고 상상해 보라!

아버지의 집은 표현의 범위를 넘어설 것이다. 하나님의 영광스러운 임재에 비하면 우리의 상상이 촛불에 불과하지만, 여하간 그려볼 수 있다. 하나님의 광채는 천국의 다른 측면을 능가할 것이다.

황금 길

하나님의 성을 그려보자.

하나님의 보좌로부터 흘러나오는 큰 강이 있다(계 22:1 참조). 이 강이 시온 산의 꼭대기에서 흘러내려온다. 그것은 이 땅에서 강이 산에서 흘러내려오는 것과 같다. 이 강이 장엄한 산에서 아래로 내려오면서 새 예루살렘 전체에 12개의 강으로 분기되어 아름답게 흐른다.

각각의 강이 정사각형 성의 12개의 문을 향해 흐른다. 성의 한 면마다 문이 세 개씩 있다. 이 12개의 문 각각으로부터 12개 대로가 시작된다(계 22:2, 21:21 참조). 다른 거리는 없다는 말이 아니다. 다만 그 대로로 새 예루살렘으로 쉽게 갈 수 있으며 그것이 그 성의 삶의 한 부분이라는 것이다.

그 길을 가는 것이 어떨지 생각해 보라! 길이 정금으로 되어 있다고 말씀한다. 불순물이 없는 금은 투명하다. 속을 들여다볼 수 있다. 황금 길을 따라 수정 같이 맑은 강이 흐르며 그 강에는 하나님의 생명이 흐르는 것을 상상해 보라(계 22:1-2 참조). 그런 각각의 대로와 강이 새 예루살렘 전체에 걸쳐 2,400km 길이로 있을 때의 아름다움을 생각해 보라! 그 영원한 성에서 우리가 받을 분깃이 그럴 것이다.

하나님의 영광

이 새 예루살렘이 얼마나 경이로울까! 그러나 그 무엇보다도 절정은 하나님 자신의 영광일 것이다.

시온 산의 2,400km 높이에서 하나님의 영광이 너무나 환하게 빛나서 새 예루살렘 전체를 비출 것이다. 성경은 하나님의 영광이 모든 방향으로 2,400km 전체를 '페릴라모'할 것이라고, 즉 둘러 비출 것이라고 말씀한다. 해와 달이 여전히 존재하지만, 그 성은 해와 달의 빛이 필요하지 않을 것이다(계 21:23 참조).

하나님의 광채가 수정 같은 강과 황금 길과 벽옥 성곽과 진주 문들과 무지개색의 성곽 기초를 비추는 것을 상상해 보라.

그것은 우리의 이해 범위를 능가한다. 그러나 그것은 꿈이 아니다. 그것은 동화나 공상이 아니다. 그것은 우리의 진짜 영원한 집이다! 그것은 우리 아버지 집이다!

그랜드 텐튼 산 국립공원도 그것과 비교되지 않는다. 가장 아름다운 낙원의 석양이나 엽서도 경쟁이 되지 않는다. 시스틴 성당이나 엠파이어 스테이트 빌딩도 범접하지 못한다. 새 예루살렘의 천국 산의 장관과 아무 것도 비교되지 않는다. 그곳의 순수한 장관은 하나님의 임재로 매일 새로워질 것이다.

그 찬란한 광경은 신선함과 아름다움에 대한 우리의 갈망을 모조리

충족시킬 것이다. 천국 본향에 하나님께서 손수 이뤄놓으신 것을 볼 때 처음에 우리는 틀림 없이 놀라 입을 다물 것이다. 그 다음에 우리는 그것을 건축하신 분의 얼굴을 바라볼 것이다!

함께 우리는 아버지의 인자하심을 찬양하며 어린양의 산을 감사로 바라볼 것이다.

그렇게 풍성하고 영원한 삶을 생각하며 우리 마음은 감사로 외칠 것이다. 우리도 하늘의 큰 무리와 함께 외칠 것이다.

> 여호와는 위대하시니 우리 하나님의 성, 거룩한 산에서 극진히 찬양 받으시리로다
> 터가 높고 아름다워 온 세계가 즐거워함이여 큰 왕의 성 곧 북방에 있는 시온 산이 그러하도다
>
> (시 48:1-2)

11장
새 예루살렘 더 살펴보기

너무 오랫동안 우리는 베드로가 서있는 천국 진주 문을 검문소 정도로 생각해 왔다. 우리는 구름과 등록 데스크가 있는 그림을 보아왔다. 그러나 장엄한 새 예루살렘 입장에 대해 우리가 좀 더 알 수 있는 것이 있다!

크고 높은 성곽이 있고 열두 문이 있는데 문에 열두 천사가 있고 그 문들 위에 이름을 썼으니 이스라엘 자손 열두 지파의 이름들이라
동쪽에 세 문, 북쪽에 세 문, 남쪽에 세 문, 서쪽에 세 문이니
그 성의 성곽에는 열두 기초석이 있고 그 위에는 어린 양의 열두 사도의 열두 이름이 있더라

(계 21:12-14)

새 예루살렘에 열두 문, 혹은 입구가 있다. 각 문마다 이스라엘 열두 지파의 이름이 새겨져 있다. 그것은 르우벤, 시므온, 유다, 잇사갈, 스불론, 에브라임, 므낫세, 베냐민, 단, 아셀, 갓, 납달리이다(창 49:1-27 참조).

성을 둘러싼 정사각형 성곽의 한 면마다 세 문이 있다. 즉 북쪽에 세 문, 남쪽에 세 문, 동쪽에 세 문, 서쪽에 세 문이 있다. 즉 모든 방향으로 있다. 북쪽, 북동쪽, 북서쪽, 남쪽, 남동쪽, 남서쪽, 동쪽, 동북쪽, 동남쪽, 서쪽, 서북쪽, 서남쪽으로 있다.

이것은 모든 곳의 모든 사람이 천국에 나아갈 수 있다는 것을 하나님께서

나타내신 것이다. 즉 당신이 있는 곳에서 거기로 갈 수 있다! 하나님께서 모든 방향에 있는 모든 사람을 환영하신다.

그러나 하나님의 문이 무엇으로 되어 있는지 보면 그런 영광에 들어가기 위해 치러야 하는 값을 알려준다.

> 그 열두 문은 열두 진주니 각 문마다 한 개의 진주로 되어 있고 성의 길은 맑은 유리 같은 정금이더라
>
> (계 21:21)

각 문이 거대한 진주로 만들어졌다고 말씀한다. '진주 문'의 의미를 많은 사람들이 온전히 이해하는지 모르겠다.

진주 문

진주 문은 예수 그리스도, 우리 죄 때문에 죽임 당하신 어린양을 나타낸다. 진주 문은 하나님의 구원과 하나님의 백성의 소중한 구속에 대해 말씀한다. 진주 문이 선택된 것을 마태복음에서 이렇게 이해할 수 있다. 예수님이 말씀하셨다.

> 또 천국은 마치 좋은 진주를 구하는 장사와 같으니
> 극히 값진 진주 하나를 발견하매 가서 자기의 소유를 다 팔아 그 진주를 사느니라
>
> (마 13:45-46)

간단히 말해서, 예수님이 극히 값진 진주이시다! 우리가 가진 것을 그에게 다 팔 때, 우리는 그의 구원을 갖는다. 우리의 생명조차 그것을 얻기 위한 값으로 충분하지 않다!

이 삶에서 좋아 보이는 다른 '진주들'이 있을 수 있다. 쾌락의 진주, 배움의 진주, 물질적 부의 진주가 있다. 그러나 예수님은 다른 것과 비할 수 없는 참된 진주이시다. 당신이 예수님을 갖기 위해 바치는 모든 것은 극히 적은 돈에 불과하다!

예수님은 참된 부에 들어가는 입구이시다. 예수님은 현재의 풍성한 삶과 후의 영원한 삶과 그 부유함에 들어가는 유일한 입구이시다. 그는 죄와 하나님의 분리에 대한 유일한 치료법이시다. 예수님께서 말씀하셨다. "내가 곧 길이요 진리요 생명이니 나로 말미암지 않고는 아버지께로 올 자가 없느니라"(요 14:6).

예수님께서 십자가에서 피로 값을 치르셔서 당신이 그 진주 문에 나아갈 수 있게 하셨다. 조개의 고통을 통해 진주를 얻듯이, 예수님이 죽으셔서 당신이 참된 부요함을 얻고 영광스러운 하나님의 도성에 들어가게 하셨다.

진주를 통해 천국에 들어가다니 그렇게 큰 진주가 얼마나 아름다울지 상상이 되는가? 각각의 문마다 어떤 비교할 수 없는 고유한 아름다움으로 빛날지 상상이 되는가? 이 큰 성에 들어가는 모든 사람은 진주 문, 즉 예수님을 통해 들어가야 한다. 다른 길은 없다.

또한 그 성으로 들어가는 문은 결코 닫히지 않는다(계 21:25 참조). 하나님은 그 문들을 사랑하신다. 그 문들은 하나님께서 당신을 위해 가지신 사랑, 하나님께서 모든 사람에게 제공하시는 구원, 하나님께서 아들로 치르신 값을 나타낸다.

여호와께서 야곱의 모든 거처보다 시온의 문들을 사랑하시는도다

(시 87:2)

진주를 얻기 위한 눈물

진주 문이 갖는 또 다른 깊은 의미가 있다.

진주는 종종 눈물을 나타낸다. 모래 알갱이가 조개 속에 들어가면, 조개는 보호를 위한 액을 분비한다. 조개 안의 그 '눈물' 혹은 액이 진주를 형성한다.

극히 값진 진주이신 예수님도 우셨다. 죄와 사망과 그로 인한 엄청난 고통스러움이 예수님을 울게 했다. 진주는 그런 눈물을 나타낸다.

그것은 당신이 진주 문으로 들어갈 때, 마지막 눈물을 통과했다는 것을 의미한다. 당신이 눈물 흘리는 시기를 겪었다면, 큰 희망이 앞에 있다. 만일 눈물이 당신의 양식이었고, 슬픔 때문에 눈이 부었었다면, 그 고통을 다시 겪지 않을 것이다. 진주 문을 통과하고 나면 더 이상 번뇌가 없을 것이다.

모든 눈물을 그 눈에서 닦아 주시니 다시는 사망이 없고 애통하는 것이나 곡하는 것이나 아픈 것이 다시 있지 아니하리니 처음 것들이 다 지나갔음이러라

(계 21:4)

당신이 그 나라에 즐겁게 들어갈 것이라는 것을 오늘 확신하라. 이 땅의 슬픔 중에서 천국에서 치유되지 않는 것은 없다는 것을 알라!

기초석

만일 천국의 문에 그렇게 경탄하지 않았다면, 그 문들이 세워진 기초를 생각해 보라!

그 성의 성곽에는 열두 기초석이 있고 그 위에는 어린 양의 열두 사도의 열두 이름이 있더라
내게 말하는 자가 그 성과 그 문들과 성곽을 측량하려고 금 갈대 자를 가졌더라
그 성은 네모가 반듯하여 길이와 너비가 같은지라 그 갈대 자로 그 성을 측량하니 만 이천 스다디온이요 길이와 너비와 높이가 같더라
그 성곽을 측량하매 백사십사 규빗이니 사람의 측량 곧 천사의 측량이라
그 성곽은 벽옥으로 쌓였고 그 성은 정금인데 맑은 유리 같더라
그 성의 성곽의 기초석은 각색 보석으로 꾸몄는데 첫째 기초석은 벽옥이요 둘째는 남보석이요 셋째는 옥수요 넷째는 녹보석이요
다섯째는 홍마노요 여섯째는 홍보석이요 일곱째는 황옥이요 여덟째는 녹옥이요 아홉째는 담황옥이요 열째는 비취옥이요 열한째는 청옥이요 열두째는 자수정이라

(계 21:14-20)

우리는 이 성의 기초가 가로 세로 각각 2,400km라는 것을 이미 보았다. 또 그 성 전체를 둘러싸는 성곽이 있다. 성경에 따르면, 그것은 144규빗, 즉 73m 높이다(17절). 그것은 24층 높이다!

그 성곽의 기초석도 화려하다. 벽옥, 남보석, 옥수, 녹보석, 홍마노, 홍보석,

황옥, 녹옥, 담황옥, 비취옥, 청옥, 자수정의 보석으로 만들어졌다(계 21:19-20 참조).

그 거대한 보석의 하나 위에 다른 하나가 또 쌓이는 식으로 해서 그 위에 성곽이 있는 것이 아닐 것이다. 필시 한 보석 다음에 다른 보석이 가로로 이어져서 성곽 기초석이 될 것이다.

차크 주석은 이 기초석들을 진주 문들을 위한 '문지방'이라고 부른다. 그리고 앞서 말했듯이, 정사각형의 각 면마다 문이 세 개씩 있다.

성곽의 한 면이 2,400km이고 문이 세 개이므로 각 문마다 8,000km 간격으로 떨어져 있을 것이다. 그것은 12개의 기초석이 각각 문 밑에 8,000km 길이로 있다는 것을 의미한다! 8,000km 길이의 에메랄드가 상상이 되는가? 그리고 다음 문 밑에는 토파즈가 비슷한 길이로 있다!

오늘날 우리의 기초석과 달리, 이 보석들은 필시 지표 위에 있어서 잘 보일 것이다. 전문가들은 기초석이 보통 성곽 높이의 최소한 5분의 1이라고 말한다. 그것은 이 각각의 기초석이 15m 높이라는 것을 의미한다. 15m 높이의 에메랄드가 8,000km 길이이고 그 중앙에 거대한 진주가 있는 것이 상상이 되는가?

오직 하나님만 그런 곳을 예비하실 수 있으시다! 그것은 정말 기적의 성이다!

하나님의 크신 사랑과 언약적 신실하심으로, 하나님께서는 열두 기초석 각각에 그리스도의 열두 제자의 이름을 쓰셨다. 마태, 마가, 누가, 요한…. 믿음으로 따랐던 그 '평범한' 사람들에게 영원히 기념되는 특별한 자리를 주셨다.

존 길모어는 『천국 살펴보기』(Probing Heaven)에서 말한다. 그 기초석들은 사도들을 통해 드러나는 하나님의 계시를 나타낸다. 그것이 그 이후로 그리스도인의 소망의 근거가 된다.¹ 하나님께서 우리의 미래의 소망의 근거를 하나님의 도성의 성곽으로 삼으셨다!

장엄한 성곽

그 엄청난 기초석 위에 성곽이 있다. 그것은 벽옥으로 만들어졌다. 그리고 또한 73m 높이다(계 21:17-18 참조).

헬라어로 벽옥은 야쉬페로서 '불의 색'을 의미한다.²

가장 최근에 불꽃이 타오르는 것을 지켜본 것이 언제인가? 그 아름다움을 보며 느꼈던 따뜻함과 평화와 위로를 되살려보라. 이제 그것을 당신이 상상할 수 있는 이상으로 확대시켜보라. 그러면 여러 색깔의 보석 기초석들 위에 있는 새 예루살렘의 성곽이 그려질 것이다. 진주 문도 잊지 말라!

그리고 또한 그 보석들을 통해, 그리고 그 보석들 주변에서 빛나는 하나님의 영광의 찬란함을 더해보라! 우리가 그것을 볼 것이다!

영원히 새로움

우리가 그 성에 들어가는 날에 영화될 것을 하나님께 감사하라. 우리의 현재의 육체로는 그런 말로 다 표현할 수 없는 영광을 견딜 수 있을지 의문스럽다! 그러나 우리의 '알맞은 자아', 즉 하나님께서 영원을 위해 만드신 우리는 기쁨으로 그 영광을 호흡할 것이다!

---

1 John Gilmore, Probing Heaven 천국 살펴보기 (Grand Rapids, MI: Baker Book House, 1989), 117.
2 Vine's Expository Dictionary of Biblical Words 바인 성경주석 (Westwood, NJ: Barbour and Company, Inc.; 1940 publication by Oliphants L.T.D.).

만일 그것으로도 충분하지 않다면, 우리가 보는 것이 낡지 않는다는 것을 생각하라. 이 성 안의 모든 것은 살아계신 하나님의 임재로 매일 새로워질 것이다. 우리가 이 삶에서 즐기는 많은 것들은 다시 볼 때마다 쇠잔해 가지만, 천국에서는 그렇지 않다. 하나님의 광채와 영광이 만물을 매일 아침마다 새롭게 할 것이다!

성 안

우리가 성으로 들어가 엄청난 문으로 들어갈 때, 주목하며 바라보아야 할 것이 또 있다.
또 그가 수정 같이 맑은 생명수의 강을 내게 보이니 하나님과 및 어린 양의 보좌로부터 나와서
길 가운데로 흐르더라 강 좌우에 생명나무가 있어 열두 가지 열매를 맺되 달마다 그 열매를 맺고 그 나무 잎사귀들은 만국을 치료하기 위하여 있더라
(계 22:1-2)

흐르는 강과 하나님의 큰 대로 곁에 '생명나무'가 있다. 그 과일나무들은 오늘날 우리가 아는 것과 다르다. 매달 열매를 맺는다.
단지 몇 그루의 나무를 상상하지 말라. 우리는 사방 2,400km 길이로 늘어선 과수원을 볼 가능성이 크다!
꽃이 만개한 사과 과수원이나 향기가 절정에 달한 오렌지 과수원에 가본 적이 있는가? 흐드러진 벚꽃의 아름다움을 본 적이 있는가? 그 향기가 가득한 새 예루살렘을 상상해 보라. 그것은 단기간의 향기가 아니라, 매달 싹이 돋고, 꽃이 피고, 열매를 맺는 하늘의 과실나무들의 향기일 것이다!

바로 당신이 그 자리에 영원히 초대된다. 상쾌하고 청명한 산 미풍이 새 예루살렘의 골짜기를 굽이쳐 그 향기로 새 땅 전체를 채울 것이다. 그런 경이로움이 우리를 기다리고 있다!

그러한 당신의 희망을 오늘 깊이 생각해 보라.

하늘에는 실망이 없다.
지치는 일이나 슬픔이나 아픔이 없다.
마음 상하는 일이 없다.
단조의 노래가 없다.
땅의 하늘처럼 구름이 없다.
온통 햇빛과 즐거움뿐이며
결코 흐느낌이나 한숨이 없다.

집세를 내는 일이 절대 없다.
세금 고지서가 없다.
옷이 낡아 헤지지 않는다.
항상 새 옷일 것이다.
배고프거나 목마르지 않을 것이다.
가난에 시달리지 않을 것이다.
천국의 부요함을
성화된 자녀들이 누릴 것이다.

상을 당한 집이 없을 것이다.
장례식 행렬이 없을 것이다.

영광의 동산에는 묘지가 없을 것이다.
우리는 더 이상 죽지 않을 테니까.
거기서는 노인이 영원히 젊을 것이다.
순식간에 변화되어
하나님의 형상으로 불멸의 존재로 설 것이다.
해와 별보다 더 빛날 것이다.

나는 그 아름다운 성을 향해 간다.
나의 주님께서 자기 백성을 위해 준비하신 그곳.
구속받은 모든 자들이
흰 보좌를 둘러싸고 '영광'을 노래하리라.
때로 나는 천국에 대한 향수병에 걸린다.
내가 보게 될 영광을 사모한다.
나의 구주를 바라보는 것이 얼마나 큰 기쁨이리요.
그 아름다운 황금 성에서.

F. M. 리만

12장
마지막 때가 시작되다

새 예루살렘이 이 행성에 내려오고 그리스도 안의 신자들이 그 도시에서 하나님과 함께 사는 날이 분명히 다가오고 있다.

그런 일들이 언제 일어날까? 새로워진 땅을 우리와 공유할 다른 누가 있을까? 인간의 미래는 어떻게 될까?

마귀는 사람과 땅에 대한 하나님의 궁극적 계획을 망치지 못했다. 사탄의 파괴와 방해는 그것을 일시적으로 지연시켰을 뿐이다. 즉 가장 좋은 날이 다가오고 있다! 하나님의 계획은 확실하다.

마귀는 멸해질 것이고, 사람은 시간이 처음 시작될 때부터 하나님이 디자인하신 모든 것대로 될 것이다. 천국의 약속과 주님이 계획하신 영원의 실체를 참으로 파악하기 위해, 마지막 때에 대해 하나님이 정하신 순서를 살펴보자.

마지막 때가 다가옴에 따라, 하나님의 자비로 인류에게 하나님 나라를 선택할 너그러운 기회를 다시 주신다. 물론 모든 사람이 올바른 선택을 하지는 않는다. 그래서 따르는 비극적 형벌을 살펴보겠다.

요한계시록 20장으로 시작하자. 이것은 대환난 직후이며 예수 그리스도께서 땅을 다스리시는 천년 기간인 '천년왕국'이 시작하는 때이다.

대부분의 성경 해석은 교회, 혹은 하나님의 백성이 7년 환난 전에 '휴거'되거나 그리스도와 함께 이끌려 올라간다는 것이다. 즉 거듭난 신자들은 하나님 앞으로 가서 그 무서운 시대의 고통을 피한다는 것이다.

교회가 환난 전, 환난 중, 환난 후, 어느 때에 휴거되는지에 대해 논란이 있지만, 우리 모두가 동의하는 것은 그것이 언제이든, 예수님의 천년왕국 시작 전에 우리가 '눈 깜빡할 새에' 하늘로 이끌어 올려진다는 것이다.

대환난

요한계시록에 따르면, 대환난 기간은 지상의 7년이다. 좋은 3년 반과 나쁜 3년 반이 있을 것이다.

그 7년 기간 중에, 적그리스도가 드러나 땅에서 공포정치를 시작할 것이다. 많은 사람들이 그를 비범한 통솔력이 있다고 오해하여, 그는 많은 사람들을 파멸로 이끄는 데 마귀의 도구로 온전히 사용될 것이다. 그 참혹한 기간 중에 수많은 사람들이 그의 속임수와 자신들의 고집 때문에 죽을 것이다.

다음의 마지막 때 사건들의 순서는 존경받는 성경학자인 힐튼 서튼의 요한계시록 세미나에서 나온 것이다.

첫째로, 이 기간 중에 루시퍼가 악한 속성과 사악한 살인자의 본질을 완전히 드러낼 것이다. 세계 인구의 4분의 1이 요한계시록의 말 탄 네 사람의 결과로 죽을 것이다. 남은 자 중의 3분의 1은 2억의 동방 군대에 의해 학살될 것이다.

성경은 말 탄 자들, 전염병, 큰 군대, 마지막 아마겟돈 전쟁 사이에 세계 인구의 거의 절반이 죽을 것이라고 우리에게 말씀한다. 7년 동안 20억 명이 죽을 것이다! 그러니 말 굴레에까지 피가 차서 강처럼 흐른다는 것이 당연하다(계 14:20 참조).

선택의 필요성

적그리스도를 대면하기 원하는 사람은 아무도 없다. 그는 지금까지의 모든 존재들 중에 가장 악하고 증오가 가득한 사람이다. 그의 손으로 성취할 죽음과 파멸을 지옥 불과 사탄이 부채질할 것이다.

그런데도 오늘날 많은 사람들이 그리스도를 위한 결정을 미루고 있다. 그들은 그런 일들이 결코 일어나지 않을 것이라고 생각하면서 잠든 영혼을 달래고 있다. 어떤 사람들은 그 이야기가 사람들에게 겁을 줘서 주님을 믿게 하려는 종교적 동화라고 생각한다.

그러나 천국의 실체를 약속하시는 하나님께서 지옥과 파멸의 실체도 약속하신다. 수많은 약속을 지키신 하나님께서 이 일이 일어날 것이라고 약속하신다.

하나님께서 오래 참으시는 것이 지연의 유일한 이유이다. 가능한 많은 사람이 그리스도께 나아와서 구원받게 하시려는 것이다. 예수님 없이는, 당신이 아무리 잘 살아왔더라도, 미래에 지옥이 입을 벌리고 있을 뿐이다.

땅의 대환난은 영원한 지옥이 어떨 것인지의 샘플일 뿐이다. 그때 당신은 '그리스도 안에 숨고' 싶을 것이다.

사탄이 묶임

대환난이 끝날 때, 세계 인구의 절반이 죽었을 것이다. 절반은 남아 있을 것이다. 그때 사탄이 천 년 동안 묶일 것이다.

또 내가 보매 천사가 무저갱의 열쇠와 큰 쇠사슬을 그의 손에 가지고 하늘로부터

내려와서

용을 잡으니 곧 옛 뱀이요 마귀요 사탄이라 잡아서 천 년 동안 결박하여 무저갱에 던져 넣어 잠그고 그 위에 인봉하여 천 년이 차도록 다시는 만국을 미혹하지 못하게 하였는데 그 후에는 반드시 잠깐 놓이리라

(계 20:1-3)

    강한 천사, 필시 하나님의 군대의 천사인 미가엘이 내려와서 루시퍼를 결박할 것이다. 사탄은 천년왕국 동안 지옥에 갇힐 것이고, 예수님께서 천년 통치를 시작하실 것이다.

    그 천년 통치 동안, 땅에 남아 있는 자연인은 마귀를 대면하지 않아도 된다. 생존한 나라들과 민족들을 예수님께서 친히 다스리실 것이다.

    그 사람들은 주님께 순복하는 것 외에 다른 선택의 여지가 없다. 온 땅이 그리스도의 나라 밑에 있을 것이다. 루시퍼의 속임수와 꼬임이 없으므로 훨씬 더 편한 때가 될 것이다! 사람들은 방해 없이 하나님의 선하심을 보게 될 것이다.

    휴거로 부활한 사람들도 그리스도의 천년 통치 기간에 그리스도께서 땅의 사람들을 다스리시는 것을 도울 것이다.

또 내가 보좌들을 보니 거기에 앉은 자들이 있어 심판하는 권세를 받았더라 또 내가 보니 예수를 증언함과 하나님의 말씀 때문에 목 베임을 당한 자들의 영혼들과 또 짐승과 그의 우상에게 경배하지 아니하고 그들의 이마와 손에 그의 표를 받지 아니한 자들이 살아서 그리스도와 더불어 천 년 동안 왕 노릇 하니

그 나머지 죽은 자들은 그 천 년이 차기까지 살지 못하더라 이는 첫째 부활이라

> 이 첫째 부활에 참여하는 자들은 복이 있고 거룩하도다 둘째 사망이 그들을 다스리는 권세가 없고 도리어 그들이 하나님과 그리스도의 제사장이 되어 천 년 동안 그리스도와 더불어 왕 노릇 하리라
>
> (계 20:4-6)

이 첫 번째 부활은 교회의 휴거를 가리킨다. 그때 "그리스도 안에서 죽은 자들이 먼저 일어나고 그 후에 우리 살아남은 자들도 그들과 함께 구름 속으로 끌어 올려 공중에서 주를 영접하게 하신다"(살전 4:16-17).

헬라어로 '보좌'는 트로노스로서, '장엄한 권위의 자리'를 의미한다. 하나님의 백성, 하나님의 손으로 의로워지고 영생을 받은 자들도 다스릴 것이라고 하나님께서 약속하셨다! 첫 번째 부활에 참여한 우리도 1,000년 동안 예수 그리스도 밑에서 하나님의 통치자와 제사장이 될 것이다.

그와 더불어, 우리는 세계의 나라들을 지휘할 것이다. 과거처럼 사람이 만들어서 땅을 다스리고 명령하는 다른 정부는 없을 것이다. 노동조합, 정당, 기타 사람이 만든 체제는 없을 것이다. 하나님의 백성이 이 땅에서 하나님 나라를 관리하는 책임을 맡을 것이다.

우리가 이 행성 전역에서 다스리는 지위를 맡을 때, 세상이 주의 법에 따라 운영되는 것을 볼 것이다. 사탄의 영향력이 없으므로, 범죄나 마약, 거리 폭력, 그 외에 하나님의 기준을 사람의 기준으로 바꾼 사회의 기타 공포가 없을 것이다.

다시 한 번, 우리를 사랑하시는 하늘 아버지의 인자함으로, 하나님께서는 남아 있는 자들에게 하나님의 의를 보고 하나님 나라를 선택할 시간을 주신다. 참으로 그는 "아무도 멸망하지 아니하고 다 회개하기에 이르기를 원하신다"(벧후 3:9).

그것을 보는 사람들에게 얼마나 놀라운 계시이겠는가. 성경은 동물계마저 평화로울 것이라고 말씀한다. 사자와 어린양이 함께 누울 것이다. 이리와 송아지가 함께 먹을 것이다. 어린이가 사람이나 짐승을 두려워하지 않고 안전하게 놀 것이다. 독사도 어린이를 해치지 않을 것이다. 영광스러운 천년이 될 것이다!

그 때에 이리가 어린 양과 함께 살며 표범이 어린 염소와 함께 누우며 송아지와 어린 사자와 살진 짐승이 함께 있어 어린 아이에게 끌리며
암소와 곰이 함께 먹으며 그것들의 새끼가 함께 엎드리며 사자가 소처럼 풀을 먹을 것이며
젖 먹는 아이가 독사의 구멍에서 장난하며 젖 뗀 어린 아이가 독사의 굴에 손을 넣을 것이라
내 거룩한 산 모든 곳에서 해 됨도 없고 상함도 없을 것이니 이는 물이 바다를 덮음 같이 여호와를 아는 지식이 세상에 충만할 것임이니라

(사 11:6-9)

그러나 여전히 모든 사람이 다 만족하지는 않을 것이다.

사탄이 풀려남

그리스도의 천년 통치 마지막에, 사탄이 한 기간 동안 풀려날 것이다. 그것은 그의 마지막 풀려남이다.

천 년이 차매 사탄이 그 옥에서 놓여

> 나와서 땅의 사방 백성 곧 곡과 마곡을 미혹하고 모아 싸움을 붙이리니 그 수가 바다의 모래 같으리라
> 그들이 지면에 널리 퍼져 성도들의 진과 사랑하시는 성을 두르매 하늘에서 불이 내려와 그들을 태워버리고
>
> (계 20:7-9)

다시 한 번, 마귀가 열방을 속이려 시도할 것이다. 그는 소규모로 성공할 것이다. 예수님의 천년 통치 동안에는 모든 사람이 예수님께 순종해야만 했다. 그러나 선택권이 주어지면, 많은 사람들이 주를 섬기기를 원하지 않을 것이다.

그리스도 없는 사람의 정욕, 탐심, 악한 본성에 따라, 그들은 자신이 다스리고 싶어 한다. 그들이 마지막 한 번의 기회를 가질 것이다. 그 반역자들이 예루살렘에 대항해 싸우는 최후의 전쟁을 루시퍼가 이끌 것이다. 그는 바다의 모래 같은 거대한 군대를 모을 것이다.

지금 우리가 알기로는 그것이 이 땅의 마지막 전투가 될 것이다. 그것을 전쟁이라고 하긴 어렵다. 하나님께서는 그 최후의 승리를 이미 분명히 하셨다. 성경에서는 그때 교전이 이뤄지는 것에 대한 언급이 거의 없다. 하늘에서 불이 내려와 모든 대적을 사른다고 말씀할 뿐이다(계 20:9 참조).

그것은 놀랄 일이 아님이 분명하다!

흰 보좌 심판

우리가 알기로 이 마지막 전투가 이 땅의 마지막 사건이다. 불의한 나라들은 소멸되고 구원받은 나라들이 남는다. 그리스도 편에 섰던 나라들은

멸해지지 않는다.

　그동안 살았던 사람들 중에서 그리스도와 연합하기를 거부한 사람들은 이때 하나님 앞에 서서 크고 흰 보좌의 심판을 받을 것이다. 사탄도 최종 판결을 받을 것이다.

> 또 그들을 미혹하는 마귀가 불과 유황 못에 던져지니 거기는 그 짐승과 거짓 선지자도 있어 세세토록 밤낮 괴로움을 받으리라
> 또 내가 크고 흰 보좌와 그 위에 앉으신 이를 보니 땅과 하늘이 그 앞에서 피하여 간 데 없더라
> 또 내가 보니 죽은 자들이 큰 자나 작은 자나 그 보좌 앞에 서 있는데 책들이 펴 있고 또 다른 책이 펴졌으니 곧 생명책이라 죽은 자들이 자기 행위를 따라 책들에 기록된 대로 심판을 받으니
> 바다가 그 가운데에서 죽은 자들을 내주고 또 사망과 음부도 그 가운데에서 죽은 자들을 내주매 각 사람이 자기의 행위대로 심판을 받고
> 사망과 음부도 불못에 던져지니 이것은 둘째 사망 곧 불못이라
> 누구든지 생명책에 기록되지 못한 자는 불못에 던져지더라
>
> (계 20:10-15)

　그래서 마귀가 완전히 패하고 지옥에 결박되어 어떤 집행유예도 없이 영원히 고통을 당한다.

　시간의 시작 때부터 있었던 사람들 중에 하나님을 거절한 나머지 모든 사람들도 영원한 판결을 받는다. 그들은 예수님을 영접하지 않은 사람들, 대환난 때 '짐승의 표'(사탄의 표)를 받은 사람들, 천년왕국 끝에 그리스도를 대적해 반역했던 불의한 나라들에 속했던 사람들이다. 이 모든 사람들이

지옥, 즉 영원한 불못에 던져질 것이다.

하늘의 교회는 이 심판에 참여하지 않는다. 영화된 성도들은 이미 1,000년 전에 판단을 받았다. 그때 우리가 받은 판단은 천국에 들어가느냐에 관련된 것이 아니라, 하나님께 순종했기 때문에 상급을 받는 것에 관련된다.

마찬가지로, 천년왕국 동안에 그리스도 편에 섰던 구원받은 나라들의 자연인들도 심판을 받지 않는다. 그들은 천국에 있지만, 영화된 몸을 갖지 않는다. 왜 그런가? 그들은 첫 부활에 참여하지 않았기 때문이다.

이 사람들도 흰 보좌 앞에 설 필요가 없을 것이다. 그들은 이미 주님을 선택했다.

땅이 다시 만들어짐

이 심판 동안에 모든 사람이 하늘로 이끌어 올리어져서 심판과 지옥을 받거나 영생을 얻는다.

또 내가 크고 흰 보좌와 그 위에 앉으신 이를 보니 땅과 하늘이 그 앞에서 피하여 간 데 없더라

(계 20:11)

윌리엄 번역에서는 이렇게 말씀한다. "그러고 나서 내가 흰 보좌와 그 위에 앉으신 이를 보았는데 그의 앞에서 땅과 하늘이 사라졌다." 필시 그것은 땅이 다시 만들어지기 위해 불탈 때일 것이다.

물질이 뜨거운 불에 풀어지고 땅과 그 중에 있는 모든 일이 드러나리로다

(벧후 3:10b)

우리는 앞에서 이 새 땅, 새 하늘에 대해 배웠다.

새 땅의 거주자들

다시 만들어진 이 땅에 새 예루살렘이 내려와 이 행성 위에 영원히 자리를 잡을 것이다. 하나님을 거부한 모든 자들은 불못에 던져졌으므로 천국에 하나님과 남아 있는 두 유형의 사람들만이 함께 모두 내려와서 새 땅에 거주할 것이다.

첫 번째는 첫 부활에 참여한 영화된 성도들이다. 두 번째는 아직 살아 있는 '자연인들'이다. 그들은 천년왕국 동안 살면서 예수님 편이었다.

영화된 성도들이 새 예루살렘에 살고, 자연인들은 땅의 나머지 지역에 거주할 것이다.

자연인이 회복된 목적

새로워진 땅에서 하나님께서는 시간의 시작 이후로 의도하셨던 자연인의 목적과 삶을 최종 권위로 회복시키신다.

더 이상 악한 영들이 방해하거나 마귀가 속이지 않을 것이다. 그래서 자연인은 사탄의 압력이나 유혹 없이 지상에서 살아가는 즐거움을 알 것이다.

아담과 하와가 죄와 루시퍼 없이 어떻게 살았을지 상상해 보려면, 다시

만들어진 땅의 자연인의 경이로운 삶을 상상해 보면 될 것이다.

> 또 내가 새 하늘과 새 땅을 보니 처음 하늘과 처음 땅이 없어졌고 바다도 다시 있지 않더라
> 또 내가 보매 거룩한 성 새 예루살렘이 하나님께로부터 하늘에서 내려오니 그 준비한 것이 신부가 남편을 위하여 단장한 것 같더라
> 내가 들으니 보좌에서 큰 음성이 나서 이르되 보라 하나님의 장막이 사람들과 함께 있으매 하나님이 그들과 함께 계시리니 그들은 하나님의 백성이 되고 하나님은 친히 그들과 함께 계셔서
> 모든 눈물을 그 눈에서 닦아 주시니 다시는 사망이 없고 애통하는 것이나 곡하는 것이나 아픈 것이 다시 있지 아니하리니 처음 것들이 다 지나갔음이러라
> 보좌에 앉으신 이가 이르시되 보라 내가 만물을 새롭게 하노라 하시고 또 이르시되 이 말은 신실하고 참되니 기록하라 하시고
>
> (계 21:1-5)

자연인의 영원한 삶

마지막 사건들의 순서를 이해함에 따라, 요한계시록 21장에서 다른 진리들도 발견할 수 있다.

> 그 성은 해나 달의 비침이 쓸 데 없으니 이는 하나님의 영광이 비치고 어린 양이 그 등불이 되심이라
> 만국이 그 빛 가운데로 다니고 땅의 왕들이 자기 영광을 가지고 그리로 들어가리라

낮에 성문들을 도무지 닫지 아니하리니 거기에는 밤이 없음이라

(계 21:23-25)

간단히 말해서, 해는 자연인을 위해 남아 있겠지만, 새 예루살렘에서는 필요하지 않다. 하나님의 영광이 그보다 더 밝다. 그러나 하나님께서는 하나님의 빛 속에 걷는 특권을 영화된 성도들만이 아니라 이 구원받은 나라들의 백성들에게도 허락하신다.

그들도 자유롭게 와서 하나님의 도시의 거리를 걸을 것이다. 그들은 원하는 대로 왔다 갈 수 있을 것이다. 문이 결코 닫히지 않는다. 그들의 왕들도 마찬가지로 열방의 영광과 존귀를 영원히 가지고 들어온다.

다음 구절에서 새로운 통찰을 얻을 수 있다.

또 그가 수정 같이 맑은 생명수의 강을 내게 보이니 하나님과 및 어린 양의 보좌로부터 나와서
길 가운데로 흐르더라 강 좌우에 생명나무가 있어 열두 가지 열매를 맺되 달마다 그 열매를 맺고 그 나무 잎사귀들은 만국을 치료하기 위하여 있더라

(계 22:1-2)

만국의 치료를 위한 잎사귀들도 새로워진 땅의 자연인 성도들을 위한 것일 것이다. 새 예루살렘의 영화된 성도들은 치료가 필요하지 않을 것이다!

즉 새 예루살렘의 그 나무의 잎사귀들은 태초에 아담과 하와 때의 생명나무와 유사한 목적을 가질 것이다. 그 잎사귀들은 자연인의 생명을 영원히 보존할 것이다.

이 잎사귀들에 관련되어 언급된 '치료'는 이사야서 53장 5절의 "그가

채찍에 맞으므로 우리는 나음을 받았도다"와 같은 단어가 아니다. 이 단어는 '보존'을 의미한다. 자연인의 생명이 영원히 보존될 것이다!

우리가 알기로, 만일 아담이 범죄하지 않았다면 영원히 살도록 하나님께서 그의 육체를 창조하셨다. 오늘날에도 우리의 육체는 오염, 죄의 폐해, 죽음의 형벌에 묶여 있지 않다면 무한한 생명을 가질 수 있음을 알고 있다. 생물학자들은 7년마다 우리의 신체가 완전히 스스로 새로워진다는 것을 안다.

우리가 살펴본 대로 자연인의 온전한 목적이 회복된다면, 농작물을 심고, 거두고, 새 집과 도시를 지을 것이다. 아담과 그의 씨가 죄짓지 않았다면 했을 것처럼, 그는 생육하고 번식하여 땅을 채울 것이다. 그들은 결혼하고 자녀를 가져서 땅에 다시 인구를 증가시킬 것이다.

(다음 장에서는 그런 것들이 어떻게 이뤄진다고 하나님의 말씀에 나오는지 더 살펴보겠다.)

영화된 사람의 삶

영화된 성도들로 이뤄진 교회가 그리스도와 함께 왕과 제사장으로서 영원히 다스린다(계 5:10 참조). 따라서 우리가 우리의 왕과 함께 새 땅의 자연 종족 사람들을 다스린다는 것이 타당하다.

우리가 우리 자신을 다스린다는 것은 별로 타당성이 없다. 우리가 왕과 제사장이 되려면 '백성'과 '예배자'가 있는 것이 더 타당성이 있다. 그들은 자연인이며, 우리가 이 새 땅에서 그들 위에 하나님 나라를 실현시킨다. 우리는 하나님의 능력의 보좌, 새 예루살렘으로부터 우리의 위대한 하나님을 대표할 것이다. 그리고 우리는 거기 살 것이다.

우리가 지금 하는 순종과 봉사의 상급으로 그때 우리에게 직분을 주실 것이라고 하나님께서 말씀하신다. 하나님 나라의 모든 자리를 채우려면 수백만 명이 필요할 것이며, 우리가 바로 그렇게 할 사람들이다. 남녀를 불문하고 하나님께서 우리를 창조하신 것은 하나님 안의 권위로 다스리게 하시려는 것이다. 하나님께서 우리에게 맡기시는 자리는 우리 각자 안의 깊은 갈망을 성취시키는 자리가 될 것이다. 그 갈망은 하나님께서 창조하신 궁극적인 사람이 되도록 하기 위해 고유하게 디자인된 갈망이다.

더구나 우리는 하나님을 영원히 예배하는 영광을 누릴 것이다. 우리는 하나님을 뵈올 것이다. 우리는 하나님을 찬양하고 높일 것이다. 우리는 그를 아는 지식과 그의 충만함 안에서 자라가며 그의 길을 영원히 배울 것이다. 우리가 행하도록 그가 미리 준비하신 모든 선한 일들로 인해 우리는 즐거워할 것이다(엡 2:10 참조).

천국에서 우리가 하나님을 위해 행하고, 하나님과 함께 있는 모든 것은 우리가 사람 밑에서 일하며 가졌던 어떤 지위보다 더 보람될 것임을 확신하라. 천국에서 우리의 삶과 목적은 우리가 스스로 했던 어떤 일보다 만족을 줄 것이다. 우리가 하는 모든 것이 하나님의 영광스럽고 방해받지 않으시는 능력 안에서, 그 능력에 의해 이뤄질 것이다!

피니 데이크가 쓴 책 『사람에 대한 하나님의 계획』(God's Plan for Man)에서 그것을 가장 잘 표현하고 있다.

"한 가지는 확실하다. 우리가 무엇을 하든 매일 성취감과 보람이 있을 것이다. 사람의 타락으로 땅의 사람에 대한 하나님의 원래의 영원한 계획이 바뀌지 않았다. 하나님은 패배하실 수 없으시다. 그래서 하나님의 계획으로 사람의 타락을 축복으로 바꾸셨다. 그것은 인간이 타락한 기간 동안에 인류로부터 하늘의 사람들을 모으시는 것이었다. 천년왕국 후에 타락과 그 영향으로부터 구속된 자연인들을 그들이 다스릴 것이다.

사람의 타락은 하나님의 원래의 계획을 지연시켰을 뿐이다. 그러나 하나님께서는 그 지연을 통해 그렇지 않았을 때보다 더 많은 것을 얻으셨다."¹

다시 말해서, 하나님께서는 그것으로부터 '미래의 자연인 세대를 다스릴 **하늘의 부활한 영화된 사람들**'을 모으셨다. 사람의 타락이 없었다면, 하나님과 영원히 다스릴 '교회'로서의 사람들이 없었을 것이다.

우리가 얼마나 놀라운 특권을 부여받았는가. 우리는 하나님의 특별한 백성, 택한 백성, 거룩한 나라이다. 지금 우리가 그리스도께 충성함으로써 우리는 그리스도와 함께 다스리는 계층이 되도록 부름받으며, 하나님 나라를 영원히 집행하도록 선택된다.

하나님의 자비와 아들의 소중한 선물을 통해, 하나님께서 구원을 통해 우리를 온전히 구속하셔서 우리가 궁극적으로 인간의 타락의 영향을 받지 않게 하셨다. 우리는 하나님의 영화된 성도들로 온전히 변모되어 하나님과 하나 되어 설 것이다. 우리는 정결하고 순결하게 영원히 하나님과 함께 살 것이다. 사실, 우리가 너무 아름다워서 하나님께서 우리를 신부로 택하셨다. 그것은 영원한 기쁨이다!

마지막 때에 우리 앞에 하나님께서 예비해 두신 놀라운 소명과 희망을 생각할 때, 우리가 지금 하나님을 예배하고 섬기는 것 외에 다른 무엇을 할 수 있겠는가!

---

1 Finis Jennings Dake, God's Plan for Man 사람에 대한 하나님의 계획 (Lawrenceville, GA: Dake Bible Sales, Inc., 1949, 1977), 992-993.

다시 만들어진 땅의 아름다움을 상상해 보라. 죄의 고통과 상흔으로부터 자유롭다. 새 예루살렘 집과 회복된 자연인을 상상해 보라.

다시 한 번, 하나님께서는 이 새로워진 행성과 그 주민들이 무엇을 할지에 대해 많이 말씀하신다. 하나님은 언약의 하나님이시므로 어느 시대에는 어떤 식으로 행하시고, 다른 때에는 다른 식으로 행하지 않으신다. 어떤 삶이 될 것인지에 대해서도 하나님의 항상 불변하시는 특성이 나타난다.

앞의 장에서 언급했듯이, 새 예루살렘 밖에서는 자연인이 다시 땅을 채우기 시작할 것이다. 그들은 자연인으로서 평범한 삶을 살 것이다. 농사를 지어 추수하고 집을 짓고 도시를 지어 거주하고 필요한 어떤 산업 영역에서 일할 것이다.

자연인이 노동으로 가족을 부양하지만, 그의 선조들을 고생시켰던 (죄로 인한) 제약들로부터 자유로울 것이다. 더 이상 그는 '이마에 땀을 흘려' 노동하지 않을 것이다. 그의 노동에는 걱정이나 긴장이 없을 것이다!

그것은 아담이 죄를 전혀 짓지 않았을 때와 같을 것이다. 사람의 기쁨과 보람의 큰 부분은 인생의 목적이나 일을 추구하는 데서 온다. 하나님께서 우리를 그렇게 디자인하셨다. 처음부터 아담은 에덴동산을 경작하고 지키며, 동물들의 이름을 짓도록 거기 두어졌다(창 2:15, 19 참조).

그런 일이 기쁨과 보람이 되어야 했다. 히브리어로 '경작하다'는 아바드로서, '일하다, 혹은 노동하다'를 의미한다. '지키다'는 샤마르로서, '돌보다' 혹은 '울타리로 두르다'를 의미한다.

따라서 아담은 동산에서 일하고 돌보아야 했다. 원래 그는 걱정이나 긴장 없이 그렇게 했다. 그는 가정의 공급자가 되어야 했으되, 그 공급은 생산성과 함께 기쁨과 보람을 주는 것이었다.

아담이 죄에 빠진 후, 가시와 엉겅퀴가 솟아났다. 그리고 땅은 더 이상 잠재력을 생산하지 않았다. 그때부터 사람은 '얼굴에 땀을 흘리며' 생활을 꾸려가야 했다(창 3:19 참조).

새 땅에서 자연인은 아담의 타락 전과 같을 것이라고 앞에서 제시했다. 가시, 엉겅퀴, 잡초, 그리고 땀도 없을 것이다! 사람과 사람이 돌보는 땅, 모두가 온전한 잠재력을 잃지 않을 것이다. 일은 고통이 아니라 보람이 될 것이다.

또한 영화된 성도들도 하나님 나라의 통치를 시행시키며 선택된 소명을 수행할 때 만족과 축복을 누릴 것이다. 우리는 자연인, 땅, 우주, 천사들을 그리스도와 함께 다스리며 완벽하게 임무를 수행할 것이다(고전 6:3 참조).

땅의 인구

요한계시록이 장엄하게 끝나면서 흥미로운 가능성들과 질문들을 제시한다. 물론 우리가 천국에서 한 시간만 보낸다면, 지금 추론하는 것보다 훨씬 더 많은 것을 알 수 있을 것이다. 그러나 우리가 지금 이론을 정립해 대답할 수 있는 것들도 있다.

결혼과 땅의 인구 문제가 떠오른다. 새 땅에 어린이가 있을까? 만일 있다면, 성경은 천국에 결혼이 없다고 말씀하지 않는가?

우리는 성경의 문맥을 살펴보아야 한다. 예수님께서 마가복음에서 말씀한 결혼에 관한 구절은 천국의 자연인이 아니라, 영화된 성도들에게 해당될 것이다.

> 부활이 없다 하는 사두개인들이 예수께 와서 물어 이르되
> 선생님이여 모세가 우리에게 써 주기를 어떤 사람의 형이 자식이 없이 아내를 두고 죽으면 그 동생이 그 아내를 취하여 형을 위하여 상속자를 세울지니라 하였나이다
> 칠 형제가 있었는데 맏이가 아내를 취하였다가 상속자가 없이 죽고
> 둘째도 그 여자를 취하였다가 상속자가 없이 죽고 셋째도 그렇게 하여
> 일곱이 다 상속자가 없었고 최후에 여자도 죽었나이다
> 일곱 사람이 다 그를 아내로 취하였으니 부활 때 곧 그들이 살아날 때에 그 중의 누구의 아내가 되리이까
> 예수께서 이르시되 너희가 성경도 하나님의 능력도 알지 못하므로 오해함이 아니냐
> 사람이 죽은 자 가운데서 살아날 때에는 장가도 아니 가고 시집도 아니 가고 하늘에 있는 천사들과 같으니라
>
> (막 12:18-25)

첫 번째 부활, 혹은 휴거 때에 죽음에서 부활하는 사람들에 대해 예수님이 분명히 말씀하고 계신다. 이 사람들은 결혼하지 않을 것이다. 그러나 천년왕국 동안 살았던 자연인이 새로워진 땅에 살 것이라고 보아야만 타당하다.

그것이 사실이라면, 새 하늘과 새 땅에도 성관계가 있을 것이다. 영화된 성도들이 배우자와 그런 관계에 참여할지 우리는 모른다.

다만 남편과 아내의 관계가 지금보다 더 만족스럽고 완전할 것임을 안다. 그것이 무엇을 포함하는지는 분명하지 않다. 그것에 대해서는 아직 하나님이 계시하시지 않은 신비가 있다.

만일 배우자가 거듭났다면 천국에서도 우리의 배우자를 안다는 것은 분명해 보인다. 성경은 가족에게 재회와 교제의 좋은 시간이 회복된다고 말씀한다. 언약의 하나님께서 그런 중요한 언약 관계를 천국에서 해체시키시지 않는다고 보는 것이 타당할 것이다.

가족의 언약적 유대가 존재하고 심지어 더 강화되는 것을 볼 가능성이 크다. 그러나 우리가 모든 사항을 자세히 모르므로 일어날 일에 대해 하나님을 신뢰해야 할 것이다. 그리고 다만 그것이 탁월하고 만족스러울 것이라는 걸 알 뿐이다. 우리는 이미 가족에 대한 하나님의 약속을 경험했는데, 그것을 예측하기가 어렵겠는가?

영원한 관계의 모든 측면이 얼마나 좋고 성취감을 주는지 우리는 아직 다 모른다. 그것을 정확히 아는 것은 지금 우리의 이해를 초월하지만, 관계의 모든 신체적, 정신적, 정서적, 영적 요소가 우리의 영화된 영원한 생명 속에서는 훨씬 더 뛰어날 것이다.

세계 나라들에서 구원받은 자연인의 삶이 어떨지 우리는 어느 정도 이해할 수 있다. 우리도 자연인이었기 때문이다. 그러나 하나님께서 교회를 위해 예비하신 것은 그것을 훨씬 능가할 것이다. 지금은 그것을 설명조차 하지 않으신다!

우리를 영원히 기다리는 경이와 환희를 온전히 드러내시는 것은 나중에 하실 것이다!

영원한 경이

우리들 중 많은 사람들이 여기 땅에서 관계의 상실이나 아픔을 겪었고, 천국에서 회복되는 기쁨을 상상하기조차 어려울 것이다.

그러나 우리가 아는 최고의 관계보다 훨씬 더 나은 가족 관계나 부부 관계를 하나님이 주실 수 없다고 생각하는 것은 하나님의 본질과 배치된다!

놀라우시고 창조적이신 하나님께서는 훨씬 더 많은 것을 생각하고 계신다.

새 예루살렘의 성곽과 문에 대한 생각만으로도 우리가 어안이 벙벙하다면, 하나님이 우리의 관계를 어떻게 하실지 상상해 보라. 천국의 거리와 열매가 우리의 이해를 초월하는 것이라면, 주님의 이름을 부르는 가족이나 사랑하는 사람들과의 친교가 어떨지 상상해 보라. 하나님의 모든 창조의 전제는 관계이다!

치료와 회복에 대해 희망을 가지라. 가족 안의 사랑과 돌봄이 확장된 것을 상상해 보라. 그것은 믿을 수 없이 밝고 영원히 새로울 것이다. 우리는 하나님의 아가페 사랑 안에 살 것이다. 그 사랑은 결코 끝나거나, 무효화되거나, 늙어지거나, 퇴색되지 않을 것이다. 이 사랑은 하나님의 본질이며 영원히 우리를 따를 것이다.

그것은 우리의 관계가 그 관계의 참된 목적과 성취를 향해 매일 성장한다는 것을 의미한다. 그것은 우리에게 영원한 유익일 것이다. 우리가 유한한 상태에서는 할 수 없거나 될 수 없었던 것을 하나님께서 우리 안에서 엮으셔서 완전함으로 이끄실 것이다.

천국에 흥분과 성취가 없을 것이라고 생각하는 것은 하나님이 우리를 만족시키시고 완전하게 하심을 부인하는 생각이다. 하나님이 누구시며 무엇을 약속하셨는지에 근거해 볼 때, 틀림없이 우리는 하나님의 가늠할 수 없는 부유함에 계속 놀라며 경탄할 것이다.

영원으로도 그 모든 것을 발견하기에 충분하지 않을 것이다!

몇 가지 실제적인 사항들

천국을 가장 열망하는 사람일지라도 새 땅과 새 예루살렘에서 어떻게 '실제적인 사항들'이 해결될지 생각할 수 있다.

하나님의 원래의 계획이 실행되면 좋지 않겠는가? 그것은 자연인이 결혼하고, 자녀를 낳고, 땅을 채우는 것이다.

그러나 만일 자연인이 땅에서 번식하면, 결국 몇 백만 년 후 자리가 부족하지 않을까?

거주에 충분한 공간

우리가 10장에서 간단히 논했듯이, 새 땅에는 바다가 더 이상 없을 것이다(계 21:1 참조).

이것을 더 자세히 생각해 보라. 새 땅에서 바다가 사라지므로 거주할 수 있는 거대한 땅이 생길 것이다. 지구는 약 1억 9,695만 입방 마일이라고 한다. 더 이상 바다가 없고, 강, 호수만 있다면, 대부분의 면적이 사용 가능할 것이다.

피니 J. 데이크는 그의 책 『사람을 위한 하나님의 계획』에서 인구문제가 없음을 계산으로 보여주었다. 그것은 다음과 같다. 강, 시내, 호수에 465만 입방 마일을 할당해 보라. (이것은 틀림없이 많이 할당한 것이다.) 그 다음에 225만

입방 마일을 새 예루살렘에 할당하라. 한 변이 1,500마일이기 때문이다. 그것을 다 1억 9,665만 입방 마일에서 제해 보면, 사람이 새 예루살렘 밖에서 살 공간이 1억9,000만 입방 마일이 나온다.

한 사람당 한 에이커를 할당하면, 1,216억 명을 위한 공간이 된다. 물론 현재는 약 50억의 사람이 지구에 있다. 그것은 새 땅에 지금보다 1,166억 명을 더 수용할 수 있다는 것을 의미한다.[1]

출산

더 많은 사람을 수용할 공간이 그렇게 충분하므로 거주 공간에 대한 질문은 곧 다시 등장하지 않을 것이다.

그러나 더 중심이 되는 개념은 인구 성장이 둔화될 것이라는 성경의 증거가 있다는 것이다. 창세기에 따르면, 여러 번 출산하고 고통이 수반되는 것은 인간의 타락의 결과였다.

> 또 여자에게 이르시되 내가 네게 임신하는 고통을 크게 더하리니 네가 수고하고 자식을 낳을 것이며
>
> (창 3:16)

임신하는 고통은 여자가 출산할 때 경험하는 고통과 수고를 말한다. 또한 "너의 수태를 증가시키겠다"고 하나님께서 말씀하셨다. 히브리어로 '수태'는 헤로운으로서 '임신'을 의미한다. 따라서 하나님께서 임신을

---

[1] Finis Jennings Dake, God's Plan for Man 사람에 대한 하나님의 계획 (Lawrenceville, GA: Dake Bible Sales, Inc., 1949, 1977), 996-997.

증가시키겠다고 말씀하신 것이다.

그런데 새 땅에서는 타락이 해결되었고 하나님의 원래의 목적들이 회복된다. 원래 하나님의 계획은 사람이 자신만을 복제하는 것이었던 것으로 보인다. 따라서 각 커플이 한두 자녀만 가짐으로써 자신의 형상만 재생산할 것이다. 우리가 그것을 장담할 순 없지만, 큰 장점이 있다.

만일 그렇다면, 새 땅에서 여러 번 임신하는 고통의 형벌이 제거됨으로써 자연인은 더 느린 속도로 증가될 가능성이 크다. 그래서 수십억의 사람들을 위한 여유 공간이 있을 것이다.

물론 지구의 크기가 하나님의 확장 계획을 제한한다면, 하나님께서 우주를 쉽게 여실 수 있을 것이다. 다른 행성들을 지구처럼 쉽게 다시 만들 수 있을 것이다. 자연인에 대한 우리의 추측이 이뤄지는지는 그저 기다려서 지켜보면 될 것이다!

시간

만일 자연인이 다시 만들어진 땅 위에 영원히 산다면, 우리가 아는 시간이 존재할까? 만일 자연인이 우리 중에 산다면, 그래야 할 것이다. 이 증거를 생각해 보라.

하나님께서는 시간이 영원히 전진하도록 만드셨다. 헬라어로 '영원한'은 아이오니오스로서, '영구적 시간'을 의미한다. 영구적 시간은 끝없는 시간일 뿐 아니라, 영원한 과거와 영원한 미래를 포함한다.

영원은 당신이 천국에 갈 때 시작되지 않는다는 것을 이해하는 것이 중요하다. 당신에게는 당신이 수태된 순간에 영원이 시작된다. 그것은 당신이 이미 영원 속에 살고 있다는 것을 의미한다! 영원은 공간보다 시간과 더 관련이 있으며, 그것이 어떤 사람들에게는 혼동을 주는 개념이다.

사실 당신은 영원히 어디선가 살 것이다. 천국이나 지옥에서 말이다. 시간은 계속될 것이다. 하루 24시간, 한 시간 60분, 1분 60초가 있을 것이다. 해, 달, 별이 규제하는 계절이 있을 것이다.

다시 한 번, 우리의 언약의 하나님께서는 어떤 '절대적인 것들'을 남아 있게 하셨다. 당신이 새 예루살렘의 주민이 되기 위해 장소를 바꾸더라도 그 절대적인 것들은 변하지 않을 것이며, 거기에는 시간도 포함된다.

성경이 이 진리를 밝힌다.

> 땅이 있을 동안에는 심음과 거둠과 추위와 더위와 여름과 겨울과 낮과 밤이 쉬지 아니하리라
>
> (창 9:22)

새 땅에 여전히 계절과 시간이 있을 것이다.

또한 시편 89편도 하나님께서 다윗에게 하신 영원한 약속 중 하나를 말씀한다.

> 또 그의 후손을 영구하게 하여
>
> (시 89:29a)

이 본문의 '영구하게'는 히브리어로 아드이다. 아드는 영원한 시간, 영원한 시간의 기간, 혹은 영원을 의미한다. 이 구절이 말씀하는 바는 이렇다. 하나님께서 다윗의 후손을 영원토록 지속시키실 것이며, 하나님의 언약이 그들에게 견고할 것이다.

같은 시편의 다른 구절에서 주님께서 말씀하신다.

> 내 언약을 깨뜨리지 아니하고 내 입술에서 낸 것은 변하지 아니하리로다
> 내가 나의 거룩함으로 한 번 맹세하였은즉 다윗에게 거짓말을 하지 아니할 것이라
> 그의 후손이 장구하고 그의 왕위는 해 같이 내 앞에 항상 있으며
> 또 궁창의 확실한 증인인 달 같이 영원히 견고하게 되리라 하셨도다(셀라)
>
> (시 89:34-37)

각 절의 '영원히'는 마찬가지로 아드로서, 영원토록을 의미한다. 하나님께서 다윗의 후손이 땅에 존재하기를 멈추지 않을 것이라고 약속하신다. 그들은 '영원한' 시간 속에 살 것이다. 따라서 우리는 다윗의 후손이 새 땅을 채울 자연인의 일부일 것이라고 믿는다. 그래서 그들에 대한 하나님의 영원한 언약이 성취될 것이다.

요한계시록의 "더 이상 시간이 없을 것"이라는 약속에 대해 질문이 생길 수 있다.

> 세세토록 살아 계신 이 곧 하늘과 그 가운데에 있는 물건이며 땅과 그 가운데에 있는 물건이며 바다와 그 가운데에 있는 물건을 창조하신 이를 가리켜 맹세하여 이르되 지체하지 아니하리니(there should be time no longer)
>
> (계 10:6)

중요한 것은 문맥이다. 이 구절의 '시간(Time)'은 헬라어로 크로노스로서, '시간의 공간', '시간의 측정', '시간의 길이'를 의미한다.

이 구절의 의미는 이 시점에 허락된 시간의 길이가 끝나거나 완료되었다는 것이다. 이것은 배정된 시간의 분배를 가리킨다. 시험을 치는 예를 들어보자. 한 시간만 주어진다면, 그 시간이 끝날 무렵에 '시간'이 모자랄 것이다. 그것이 크로노스 시간, 혹은 한 할당량이다. 따라서 이 성경 구절은 우리가 아는 모든 시간이 멈춘다는 것을 의미하지 않는다.

이 구절의 다른 번역들도 크로노스 문맥을 지지한다. 확대 성경에서는 이렇게 말씀한다. "간섭할 시간이 없고 더 이상 기다리거나 지체할 수 없다." RSV는 이렇게 말씀한다. "더 이상 지연되지 말아야 한다."

다시 말해서, 하나님의 목적이 이뤄질 때가 되었고, 하나님의 목적을 지연시킬 시간이 더 이상 없을 것이다.

요한계시록 세미나의 힐튼 서튼 박사는 이 구절이 7년 대환난 중에 있다고 설명한다. 메신저 천사가 단순히 이렇게 말하고 있는 것이다. "더 이상 지체하지 말라. 일어날 남은 것에 착수하여 속도를 내자."

바로 다음 구절에서 '앞날들'에 대해 말씀하므로 시간이 여기서 끝나지 않았다는 것을 알 수 있다. 날들은 시간이다! 또 우리는 남은 대환난과 천년왕국이 일어나야 한다는 것을 안다. '년' 역시 시간을 가리킨다!

따라서 일정의 시간의 길이(크로노스)가 끝나지만, 시간 자체는 끝나지 않는다. 마지막 심판 전에 사람에게 주어진 이 측면의 시간의 길이가 끝나고 있는 것이다. 그 끝은 연장되거나 지연되지 않을 것이다. 그러고 나서 우리는 '영원한' 시간에 들어간다.

학습

영원한 시간의 개념 이해는 학습에 대한 중요한 질문에 대답하게

도와준다. 많은 사람들은 우리가 천국에 가면 '즉시 모든 것을 알게 된다고' 생각한다.

어떤 사람들은 유명한 고린도전서의 구절을 근거로 든다. "지금은 내가 부분적으로 아나 그 때에는 주께서 나를 아신 것 같이 내가 온전히 알리라"(고전 13:12b).

그러나 이것은 새 예루살렘에서 우리를 기다린다고 하나님께서 말씀하시는 다른 것들과 부합되지 않는다. 천국의 나무들이 매달 열매를 맺는다는 것은 생산에 요구되는 시간의 흐름이 있다는 것을 의미한다. 그 과정이 굉장히 빨라지기는 했지만(지금보다 4분의 1의 시간에 열매를 맺는다), 여전히 시간이 필요하다.

또한 하나님께서 우리의 배우려는 갈망을 창조하셨다. 이 갈망은 모든 충동 중에 가장 만족을 주는 것의 하나이다. 학습과정에서 큰 충족감을 갖게 되며, 과정이란 것은 그 자체가 시간을 요한다. 그러므로 우리가 영원히 배울 것이라고 보는 것이 더 타당할 것이다. 비록 필요한 시간과 노력은 우리가 지금 아는 것보다 적게 들겠지만 말이다.

기다림

천국에서는 기다린다는 개념 자체가 변할 것이다. 물론 우리는 어떤 일들이 일어나기를 기다려야 할 것이다. 그러나 지금처럼 안달하며 기다리는 것이 아닐 것이다. 시간이 흐르는 동안 기대하며 즐겁게 기다릴 것이다.

주님의 본질은 지속적 생산성, 기대, 만족이다. 따라서 기다림도 그럴 것이다. 시간이 영원을 향해 전진하는 동안 여전히 초, 분, 날, 해가 있을 것이다. 그러나 우리는 시간과 기다림을 경험하면서 노화과정의 지루함이나 인생이 지나가고 있다는 느낌을 갖지 않을 것이다.

모든 순간이 의미로 가득할 것이다. 그리고 삶이 하나님과 더불어 더 풍성하고 새로울 것이다. 시간이 지날수록 우리는 하나님을 아는 지식과 즐거움이 영원히 증가할 것이다!

유익

이는 내게 사는 것이 그리스도니 죽는 것도 유익함이라
그러나 만일 육신으로 사는 이것이 내 일의 열매일진대 무엇을 택해야 할는지 나는 알지 못하노라
내가 그 둘 사이에 끼었으니 차라리 세상을 떠나서 그리스도와 함께 있는 것이 훨씬 더 좋은 일이라 그렇게 하고 싶으나

(빌 1:21-23)

하나님께서 이 땅을 우리가 누리도록 경이롭게 만드셨지만, 천국이 훨씬 더 뛰어날 것이다. 비교가 안 될 것이다. 죄의 제약 없이 하나님의 영원한 임재 안에 사는 것은 사람이 전에는 전혀 몰랐던 특권과 기쁨일 것이다. 그러나 그것을 실제로 믿는 사람은 드문 것 같다!

너무나 많은 사람들이 여기서 피땀 흘리는 수고 속에 살면서 다음에 아무 것도 없다고 믿고 있다. 당신은 정말 천국의 실체를 볼 것을 믿는 것처럼 살고 있는가?

존 길모어는 그의 책 『천국 살펴보기』(Probing Heaven)에서 많은 그리스도인들이 "실제적 무신론자처럼 행동한다"고 말한다.[2] 다시 말해서,

그들의 삶과 정신적 태도는 천국의 큰 약속을 믿는다는 것을 나타내지 않고 있다.

존 라이스는 『천국에 대한 성경의 사실들』(Bible Facts About Heaven)에서 이렇게 말한다. "우리는 기껏해야 천국이 참을 만하다고 생각한다. 땅의 즐거움을 다 소진하고 났을 때라야 그나마 말이다. 나이 들고, 삶이 짐이 되고, 건강을 잃고, 자신이 방해거리가 되고, 자녀가 우리를 원하지 않을 때에 비로소 우리가 천국에 갈 때가 되었다고 생각한다…."[3]

"죽음은 비극이 아니라, 영광스러운 상향 이동이며, 슬픈 결말이 아니라, 영광스러운 시작임을 더 잘 생각해 보라"고 그는 우리에게 권한다.[4]

사실 죽음은 그리스도인에게 유익이다. 이것은 우리가 최대한 빨리 죽으려고 해야 한다는 의미가 아니다. 사도 바울이 죽는 것도 유익하다고 말했을 때 그것을 생각한 것이 아니었다. 그는 이 땅에 머물며 하나님을 위한 일을 계속해야 한다는 것을 알았다. 그러나 자신이 어느 쪽을 더 바라는가에 대해서는 그의 생각 속에 의문의 여지가 없었다.

바울은 이 땅이 줄 수 있는 어떤 것보다 천국이 훨씬 더 좋다는 것을 알았다. 그는 마음 깊은 곳에서 천국을 갈망했다. 그는 이 땅에 머물기보다 그리스도와 함께 있기를 훨씬 더 갈망했다. 하나님께서는 우리 모두가 그런 관점을 갖기를 의도하신다! 이 땅은 우리 집이 아니다!

우리가 '하늘의 생각'을 가진다고 해서 땅에서 쓸모없어지는 것은 아니다. 오히려 정반대다. 우리는 영원히 더 능률이 높아진다. 이 옛 세상보다 더 나은

---

[2] John Gilmore, Probing Heaven 천국 살펴보기 (Grand Rapids, MI: Baker Book House, 1989), 58.
[3] John R. Rice, Bible Facts About Heaven 천국에 대한 성경의 사실들 (Murfreesboro, TN: Sword of the Lord Publishers, 1940), 38.
[4] Rice, Bible Facts, 38.

갈 곳이 있다는 것을 온마음으로 확신하며 알기 때문이다.

우리의 마음과 생각이 아름다운 하나님의 도시, 새 예루살렘을 향하면서, 우리는 우리 왕의 복음을 가지고 이 삶에서 계속 사역한다. 우리는 거듭나지 않은 사람과 서로를 향해 사랑과 봉사의 수고를 계속한다.

우리의 직업, 지위, 소유, 돈, 집, 땅, 땅의 삶이 우리의 최우선 목표가 되는 것이 아니라, 하나님의 말씀을 참으로 이해하고 믿는 자들을 위한 부차적 목표가 된다.

어느 날 진주 문으로 들어가 시온 산으로 가는 황금대로를 걸을 확고한 소망에 비하면 그것들은 부차적이 된다. 시온 산에서 우리는 하나님과 얼굴을 마주할 것이다. 예수 그리스도, 우리가 사랑하는 주님을 만날 것에 비하면, 그것들은 부차적이 된다. 우리가 그 황금도시의 새 집을 받고 영원한 보람과 기쁨이 우리의 것이 된다는 것에 비하면 그것들은 퇴색되고 만다.

현재의 삶

우리가 성경을 정말로 믿는다는 것을 세상에 보여줄 때이다. 천국이 진짜임을 우리가 믿는다는 것을 보여줄 때이다. 우리는 어떤 가치를 위해 살아가고, 그 가치를 위해 일하고, 그 가치를 위해 죽을 수 있다는 것을 보여줄 때이다.

이 세상은 우리의 최종 집이 아니다. 우리는 다만 여기를 지나가고 있을 뿐이다. 천국은 세상이 줄 수 있는 것보다 정말로 훨씬 더 좋은 곳이다. 천국이 그리스도인에게 유익임을 안다는 것을 보여주며 살 때이다.

천국에서 우리는 하나님의 전부, 온 우주, 완전한 건강, 방해받지 않는 평화, 상상을 초월하는 부, 썩지 않는 보물, 쇠하지 않는 아름다움에 다가갈 것이다. 무엇보다도 우리는 영원히 하나님께 나아갈 수 있을 것이다!

이런 확고한 기대 속에 삶으로써, 승리하는 교회는 이 땅의 마지막 때에 세상에 실체를 보여줄 수 있을 것이다.

이런 확고한 기대 속에 사는 것은 당신이 매일 그리스도를 위해 사는 방식을 바꿀 것이다!

우리는 하나님을 위해 '모든 것'을 드리며, 거기에 큰 상급이 있다는 것을 알 것이다! 우리는 우리의 에너지와 열정의 마지막 한 방울까지 하나님을 섬기고 진리를 다른 사람들과 나누는 데 사용할 것이다.

이 땅에서 부지런히 수고한 자들이 영원한 안식과 하나님의 임재라는 영원한 약속을 받을 날이 다가오고 있다. 그것은 모든 수고가 보상을 받는 날이 될 것이며, 그 하루로 그 모든 수고가 가치가 있을 것이다. 그것은 다른 어느 날과도 비교할 수 없는 날일 것이다. 끝없는 유익을 얻는 날이다!

14장
상급, 그리고 예수계신 그 모습 그대로 보는 것

요한계시록은 그리스도께서 세 번 "내가 속히 오리라"고 하시며 한 번 "때가 가까우니라"고 말씀하시는 것으로 마무리된다.

> 또 그가 내게 말하기를 이 말은 신실하고 참된지라 주 곧 선지자들의 영의 하나님이 그의 종들에게 반드시 속히 되어질 일을 보이시려고 그의 천사를 보내셨도다
> 보라 **내가 속히 오리니** 이 두루마리의 예언의 말씀을 지키는 자는 복이 있으리라 하더라
> 이것들을 보고 들은 자는 나 요한이니 내가 듣고 볼 때에 이 일을 내게 보이던 천사의 발 앞에 경배하려고 엎드렸더니
> 그가 내게 말하기를 나는 너와 네 형제 선지자들과 또 이 두루마리의 말을 지키는 자들과 함께 된 종이니 그리하지 말고 하나님께 경배하라 하더라
> 또 내게 말하되 이 두루마리의 예언의 말씀을 인봉하지 말라 **때가 가까우니라**
> 불의를 행하는 자는 그대로 불의를 행하고 더러운 자는 그대로 더럽고 의로운 자는 그대로 의를 행하고 거룩한 자는 그대로 거룩하게 하라
> 보라 **내가 속히 오리니** 내가 줄 상이 내게 있어 각 사람에게 그가 행한 대로 갚아 주리라
> 나는 알파와 오메가요 처음과 마지막이요 시작과 마침이라
> 자기 두루마기를 빠는 자들은 복이 있으니 이는 그들이 생명나무에 나아가며

문들을 통하여 성에 들어갈 권세를 받으려 함이로다

개들과 점술가들과 음행하는 자들과 살인자들과 우상 숭배자들과 및 거짓말을 좋아하며 지어내는 자는 다 성 밖에 있으리라

나 예수는 교회들을 위하여 내 사자를 보내어 이것들을 너희에게 증언하게 하였노라 나는 다윗의 뿌리요 자손이니 곧 광명한 새벽 별이라 하시더라

성령과 신부가 말씀하시기를 오라 하시는도다 듣는 자도 오라 할 것이요 목마른 자도 올 것이요 또 원하는 자는 값없이 생명수를 받으라 하시더라

내가 이 두루마리의 예언의 말씀을 듣는 모든 사람에게 증언하노니 만일 누구든지 이것들 외에 더하면 하나님이 이 두루마리에 기록된 재앙들을 그에게 더하실 것이요

만일 누구든지 이 두루마리의 예언의 말씀에서 제하여 버리면 하나님이 이 두루마리에 기록된 생명나무와 및 거룩한 성에 참여함을 제하여 버리시리라

이것들을 증언하신 이가 이르시되 **내가 진실로 속히 오리라** 하시거늘 아멘 주 예수여 오시옵소서

주 예수의 은혜가 모든 자들에게 있을지어다 아멘

(계 22:6-21)

사람에게는 그렇게 빨라 보이지 않을지라도, 이 말씀을 하신 분은 영원히 사신다는 것을 염두에 두라. 하나님께는 수백만 년도 아무 것도 아니다. 2,000년도 하나님께는 순식간에 지나갈 수 있다!

이 행성에 할당된 크로노스 시간, 혹은 시간의 길이가 그 어느 때보다 오늘날, 끝날 때가 가까워지고 있다. 지금은 정말로 지구의 자정 무렵이다!

몇 백 년이 남아 있지 않을 수도 있다. 역사를 돌이켜보면, 지난 백 년보다 지난 몇 년 동안 더 많은 일들이 일어났다. 베를린 장벽의 붕괴, 소련

해체, 유럽 연합의 등장, 자연 재해와 재난, 세계 복음화, 인간의 상태 등등 말이다.

예수님이 곧 오신다는 사실을 부인할 수 없다. 그가 교회인 그의 신부에게 준비하라고 말씀하신다. 하나님께서 우리의 점과 흠을 제거하시게 하라. 그래서 영광스러운 교회를 하나님께서 취하시게 하라. 그리스도의 재림에 임박해서, 우리가 기다리는 동안 수고하는 목적에 대해 분명한 다음의 지침을 주셨다.

보라 내가 속히 오리니 **내가 줄 상이 내게 있어 각 사람에게 그가 행한 대로 갚아 주리라**
(계 22:12)

하나님께서는 우리가 게으르게 기다리기를 결코 뜻하지 않으셨다. 오히려, 하나님의 말씀은 항상 분명하다. 천국의 우리 **상급**은 우리가 이 땅에서 하나님 안에서 성취하는 것에 근거할 것이다!

이것은 우리의 구원이나 천국 입성이 행위에 달려 있다는 의미가 아니다. 예수님을 주로 인정하는 모든 그리스도인은 구원을 받을 뿐 아니라, 천국에 들어갈 것이다.

이 구절은 단순히 말씀하고 있다. 여기서 행한 봉사에 근거해 모든 사람이 천국에서 상급을 받을 것이다. 헬라어로 '상급'은 미스토스로서, '삯, 봉사에 대한 지불, 행위에 대한 지불, 일에 대한 지불'을 의미한다.

헬라어로 '일'은 에르곤으로서, '실행' 혹은 '노동'을 의미한다. 에르곤은 '우리의 믿음의 진정성을 입증하는 행위'를 묘사하는 데 일반적으로 사용된다. 그것은 우리가 하나님을 믿는다는 것을 증명하는 봉사 행위로 해석된다. 또한 그것은 어떤 사람이 '어떻게' 행동하느냐를 의미한다.

따라서 우리의 구원은 행위에 근거하지 않지만, 우리의 상급은 분명히 그렇다! 그것은 게으름을 피우는 시간을 정당화해 주기보다, 의욕적으로 봉사해야 한다는 것을 더욱 분명히 해준다.

상급

성경은 '우리가 되어야 할 모든 것이 되도록' 격려하는 말씀들이 가득하다. 하나님께서는 우리에게 투자하신 영광스러운 재능과 은사를 최대한 활용하시려는 뜻을 가지신다. 우리가 얼마나 전념하느냐의 정도에 따라 이 땅에서 성취도가 달라질 뿐 아니라, 우리의 영원한 상급도 달라진다.

만일 재능을 묻어둔다면 지옥에 가는 것은 아니지만, 재능을 활용했을 때만큼 상급을 받지 못할 것이다. 성령께서 당신을 이끄시는 정도대로 이 땅에서 하나님 나라를 섬기지 않는다면, 천국에 가는 것이 문제가 아니라, 천국의 상급이 문제가 된다!

만일 당신이 하나님의 일깨우심을 따르지 않는다면, 다른 사람들과 똑같이 하늘의 특권을 누리는 것이 부당할 것이다. 예를 들어, 희생적으로 가르치고, 찬양하고, 섬긴 자들과 같은 상급을 받을 것이라고 기대하지 말아야 한다. 하나님께서 당신에게 그것을 부탁하셨는데 당신이 응답하지 않았다면 말이다. 또 당신이 움켜쥘 때, 드리고 나누었던 사람과 같은 상급을 받을 수 없을 것이다.

하나님께서 그렇게 자세히 신경 쓰시지 않을 것 같을지라도, 천국의 기록은 매우 구체적이다. 냉수 한 잔을 준 것까지 평가에 포함된다.

> 또 누구든지…냉수 한 그릇이라도 주는 자는 내가 진실로 너희에게 이르노니 그 사람이 결단코 상을 잃지 아니하리라 하시니라
>
> (마 10:42)

마찬가지로, 예수님께서 말씀하셨다. "선지자를 영접하는 자는 선지자의 상을 받을 것이요"(마 10:41 참조). 이 문맥에서 '영접하다'는 '환대하다'를 의미한다.

즉 당신이 선지자를 환대하면, 그 봉사로 인해 선지자가 받는 상을 받는다. 마찬가지로, 만일 당신이 의인을 영접하면, 의인의 상급을 받을 것이다(마 10:41 참조).

우리 하나님께서는 등을 토닥여주는 것처럼 가장 사소한 친절의 행동까지 보상하실 것이다! 하물며 평생 신실하게 순종하며 섬기면 얼마나 더 크게 보상하시겠는가!

영원한 관점

하나님께서 영원토록 주시는 상급을 더 잘 이해하려면, 다음 명제를 생각해 보라. 오늘 5분 일하면, 수십 억 년 동안 영원한 보상이 약속되는 일을 제안받는다면, 당신은 기꺼이 일하겠는가?

이 땅 위의 제한된 시간 속에 있는 우리에게 하나님께서 요청하신 것이 사실상 바로 그것이다. 영원한 약속에 비하면, 우리가 지구 위에서 50~60년간 섬기는 것은 기껏해야 5분에 불과하다. 오히려 100만 분의 1초에 더 가까울 것이다!

틀림없이, 이 땅의 어떤 사람도 그 마지막 5분을 이기적인 일이나

게으름을 부리는 것에 사용하지 않을 것이다. 그 영원한 보상을 위해 5분을 온전히 투자할 것이다.

그러나 많은 사람들이 삶을 투자하지 않는다. 하나님이 "자기를 찾는 자들에게 상 주시는 이심을" 믿지 않기 때문이다(히 11:6). 그들은 '너무 바빠서' 하나님의 일을 하지 못한다. 그들은 영원한 시간에 어떤 것이 더해질지를 완전히 망각하고 지금, 여기를 위해서만 산다. 그들은 하나님의 상급의 진리를 놓친다.

많은 사람들이 또 비슷하게 속고 있다. 그들은 기독교에는 수고가 들지 않으며 아무 값도 치를 필요가 없다고 생각한다. 그러나 성경 어디서도 참된 믿음을 그렇게 묘사하지 않는다.

지혜로운 자는 하늘의 상급 때문에 어떻게 행동해야 하는지 분별하고 안다. 우리는 하나님을 만홀히 여길 수 없다. 즉 이기적이고 게으른 삶을 살면서 상급을 기대할 수 없다. 하나님은 그런 어리석음을 받아주지 않으신다!

> 이 무익한 종을 바깥 어두운 데로 내쫓으라 거기서 슬피 울며 이를 갈리라 하니라
>
> (마 25:30)

하나님은 삶과 재능을 지혜롭지 않게 사용하는 사람들을 심판하신다. 왜냐하면 그는 공정하고 정의로우신 하나님이시기 때문이다. 따라서 하나님 나라에서 자발적으로 섬기면 상급을 받을 뿐 아니라, 당신이 그렇게 하도록 기대된다.

이런 실수를 하지 말라. 그들은 천국의 가장 작은 '오두막집'도 지옥보다는

나으니까 괜찮다고 생각한다.

하나님께서는 신부가 신랑 예수님에 대한 사랑을 보여주기를 기대하신다. 즉 하나님 마음의 갈망인 하나님 나라를 위해 외적으로 희생적인 봉사를 해야 한다.

오늘날 많은 사람들이 자신이나 가족을 섬기면서 그것을 하나님의 일이라고 착각하고 있다. 물론 하나님은 우리에게 그런 것에 관심을 기울이라고 하시지만, 그것은 단지 우리 자신을 섬기는 것일 수 있다. 하나님께서는 교회를 섬기고, 온 땅 위에서 하나님의 일을 하라고 우리에게 부탁하신다. 그것과 다르게 하는 것은 우리가 무지하거나 자신에게만 몰두하는 것이다. 우리의 상급의 기준은 분명하다.

20세기 신약에서는 이렇게 말씀한다. "그리스도께서 오셔서 각 사람의 행동대로 받을 만한 것을 주실 것이다"(계 22:12). RSV는 이렇게 말씀한다. "각 사람이 행한 대로 갚아주신다." 녹스 번역은 이렇다. "각 사람이 산 삶대로 갚아주신다."

우리의 내부를 들여다보며 우리가 삶을 어떻게 사용하고 우리 자신에게 무엇을 주고 있는지 심사숙고해 보아야 한다. 마태복음에서 이렇게 권면한다.

> 너희를 위하여 보물을 땅에 쌓아 두지 말라 거기는 좀과 동록이 해하며 도둑이 구멍을 뚫고 도둑질하느니라
> 오직 너희를 위하여 보물을 하늘에 쌓아두라 거기는 좀이나 동록이 해하지 못하며 도둑이 구멍을 뚫지도 못하고 도둑질도 못 하느니라
> 네 보물 있는 그 곳에는 네 마음도 있느니라
>
> (마 6:19-21)

앞에 있는 보물

우리 모두는 전에 이런 말을 들었을 것이다. 우리가 지금 무엇을 축적하든, 가져갈 수 없다. 그것은 백만장자가 돈을 관에 넣어 가져갈 수 없다는 의미이다. 그의 돈이 천국에서는 소용없다. 그러나 그 사람이 천국에 보물을 쌓을 수 있다.

하나님께서는 우리가 천국에 이를 그 날을 위해 영원한 보물을 쌓아둘 기회를 갖기를 원하신다.

즉 우리는 하나님께서 우리에게 주신 삶의 지혜로운 청지기가 되고, 부지런히 봉사하고, 하나님 말씀에 순종해야 한다. 왜 우리의 삶을 좀과 녹으로 사라질 것들에 투자하는가? 영원한 보상을 줄 것에 투자할 수 있는데도 말이다.

헬라어로 '쌓아두다'는 '축적하다, 비축하다'를 문자적으로 의미한다. "우리의 보물을 천국에 축적해야 한다"고 예수님께서 분명히 말씀하셨다.

이렇게 생각해 보라. 2년 후에 해외로 취업을 가는데 아무 것도 가져갈 수 없다고 해보자. 그러나 좋아하는 것을 출발 전에 미리 보낼 수 있다.

분명히 당신은 이렇게 할 것이다! 원하는 것을 정리해 미리 보내는 데 시간을 사용할 것이다. 그러나 많은 사람들은 정말로 천국에 보물을 쌓아둘 수 있다고 믿지 않는다. 그래서 그들은 아무 것도 보내지 않는다.

하늘의 상급을 쌓아둔다고 해서 여기서 고행의 삶을 살고 가진 모든 것을 나눠줘야 하는 것은 아니다. 이 세상의 삶의 번영에도 하나님의 목적이 있다. 낡거나 실망시키지 않는 천국의 보물에 초점을 맞춰야 한다는 의미이다.

이 땅에서 가장 가난한 사람도 결코 쇠하지 않는 보물을 얻음으로써 가장 풍성한 미래를 약속받을 수 있다.

성경은 우리가 쌓아둘 수 있는 많은 보물들을 예로 들어준다.

구원의 즐거움을 나누는 것(단 12:3). 최고의 상급은 당신이 천국에 데려가는 사람들이다. 복음의 좋은 소식을 나누는 것이야말로 우리가 이 땅에 있는 첫 번째 목적이며, 정말로 "많은 사람을 옳은 데로 돌아오게 한 자는 별과 같이 영원토록 빛날 것이다."

기도(마 6:6). 은밀히 드린 기도가 공개적으로 응답될 것이다. 자녀, 이웃, 교회, 세상을 위한 기도가 천국에 있는 당신의 창고에 축복을 더해줄 것이다.

충성(마 25:23). 행함이 없는 믿음은 죽은 믿음이다!(약 2:17, 26 참조) 하나님의 일을 하는 데 충성하면 당신도 그 말씀을 들을 것이다. "잘하였도다 착하고 충성된 종아 네가 적은 일에 충성하였으매 내가 많은 것을 네게 맡기리니 네 주인의 즐거움에 참여할지어다." 그것은 큰 상이다!

가난한 자 구제(마 6:4). 가난한 사람에게 음식, 물건, 돈을 공급하면, 하나님께서 당신에게 친히 보상하실 것이다. 지역 무료 급식소, 교회의 구제 사역, 노숙자 쉼터, 헌 옷 나눠주기, 세계 구호 활동에 참여하는 것을 하나님께서 인정하신다.

원수를 사랑(눅 6:35). 당신을 미워하는 사람을 그리스도처럼 대하는 것은 단지 좋은 상이 아니라, 큰 상을 받게 한다. 하나님의 성품을 모든 사람에게 보여주라. 그러면 당신은 영원히 축복받을 것이다.

금식(마 6:18). 당신이 하나님과 하나님의 교회를 위해 자신을 부인하고 하나님의 일을 할 때, 당신의 보물이 증가된다.

복음을 위해 박해 당함(마 5:11-12). 욕과 악한 말을 듣는 중에도 하나님의 말씀에 충성하는 것은 하나님의 마음에 특별하게 여겨진다. 그것도 큰 상을 받을 것이다. 치욕을 기꺼이 당하라. 왜냐하면 그것은 당신의 보물 상자에

추가되기 때문이다!

다시 한 번 말하지만, 구원은 우리의 일로 결정되지 않는다. 그러나 우리의 상급은 그렇다. 새 예루살렘에서 우리의 상태는 우리에 대해 기록된 것에 근거할 것이다. 우리 중의 가장 작은 자도 큰 일을 할 수 있다. 하나님께서 보실 때, 가장 작은 것에 충성하면 큰 것이 더해진다. 무엇이든 하나님께서 당신에게 부탁하시는 대로 당신의 손이 일을 얻는 대로 힘을 다하여 하라(전 9:10). 흔들리거나 약해지지 말고, 당신의 보물을 미리 보내는 데 삶을 드리라!

계층

천국에 '계층'이 있다고 생각하면 어떤 사람들은 기분이 좋지 않을 수 있지만, 하나님의 말씀 전체에서 우리는 성취와 상급에 여러 수준이 있다는 것을 발견한다.

삶 속에서 하나님의 말씀으로 30배, 60배, 100배의 결실을 맺는 사람들에 대해 하나님께서 말씀하신다(마 13:23 참조). 또한 천국에서 '큰 자'와 '작은 자'에 대해서도 말씀하신다(마 5:19).

천국에서 그럴 것이다. 물론 '이등시민'은 없다. 그러나 누가 크냐에 있어서 여러 수준이 있을 것이다. 당신의 지위와 계층은 지금 짧은 생애 동안 봉사한 것으로 영원히 결정될 것이다. 당신이 받을 분깃을 결정하는 것은 하나님의 능력 안에서 당신의 손에 달려 있다.

지금 열심히 일하는 종들의 지위는 아무 것도 하지 않는 종들보다 훨씬 더 클 것이다. 일하는 자에게 더 많이 주실 것이다. 이렇게 궁금하게 여겼던 적이 있는가? "나는 할 수 있는 한 다 하고 있어. 나는 헌금하고 봉사하고 있어. 그런데 나를 도와주는 사람도 별로 없어. 언제 보상이 있을까?" 하나님께서 말씀하신다. 저울로 달아져서 당신의 몫을 받을 때가 온다. 인내하고 즐거워하라. 당신의 상급은 분명히 있기 때문이다!

지금 섬기는 자들이 받을 큰 상급의 중요한 부분은 큰 권세와 통치권이다. 사도 바울이 로마에서 참수되기 직전에 디모데에게 이것을 편지로 써서 분명히 밝혔다.

> 전제와 같이 내가 벌써 부어지고 나의 떠날 시각이 가까웠도다
> 나는 선한 싸움을 싸우고 나의 달려갈 길을 마치고 믿음을 지켰으니
> 이제 후로는 나를 위하여 의의 면류관이 예비되었으므로 주 곧 의로우신 재판장이 그날에 내게 주실 것이며 내게만 아니라 주의 나타나심을 사모하는 모든 자에게도니라
>
> (딤후 4:6-8)

우리 모두가 하나님의 상급 제도에 참여할 특권을 갖는다. 그것을 선택하는 것은 당신 자신에게 달려 있다. 시간이 촉박한 이때에 지혜는 우리에게 말해 준다. 지금 신부의 일에 참여하라. 오늘 예수 그리스도의 교회를 섬기며 예수님의 사랑과 진리를 온 세상과 나누라!

예수님의 약속

당신이 이 땅에서 아버지의 일을 하는 데 성공하도록 예수님이 이미 기도하셨다. 또 더 간구하시기를, 당신의 상급의 일환으로서, 당신이 천국에서 예수님과 함께 있고 예수님의 영광을 보도록 기도하셨다(요 17:9-26 참조).

우리가 천국에 대해 배운 바에 따르면, 약속들이 있다. 새 예루살렘과 새 땅에 없는 것들이 있다. 장례식장, 묘지, 병원, 소방서나 경찰서, 정신병원이 없다. 보험회사, 법률회사, 세무사 사무실도 없다. 그 대신 그곳은 말할 수 없이 아름답고 보람된 곳이다.

더구나 우리는 그와 함께 있을 것이다. 우리는 영광 중에 그를 볼 것이다! 그는 십자가를 져서 약해지신 왕이 아니시다. 못과 가시와 조롱에 낙담한 사람이 아니시다. 그는 부활하신 구원자이시며, 모든 능력과 위엄을 갖추셨다. 세상을 말씀으로 창조하실 때처럼 말이다.

요한은 그날의 한 단면을 우리에게 보여주며, 자신의 감금된 처지를 개의치 않는다.

나 요한은 너희 형제요 예수의 환난과 나라와 참음에 동참하는 자라 하나님의 말씀과 예수를 증언하였음으로 말미암아 밧모라 하는 섬에 있었더니

주의 날에 내가 성령에 감동되어 내 뒤에서 나는 나팔 소리 같은 큰 음성을 들으니

이르되 네가 보는 것을 두루마리에 써서 에베소, 서머나, 버가모, 두아디라, 사데, 빌라델비아, 라오디게아 등 일곱 교회에 보내라 하시기로

몸을 돌이켜 나에게 말한 음성을 알아 보려고 돌이킬 때에 일곱 금 촛대를 보았는데

촛대 사이에 인자 같은 이가 발에 끌리는 옷을 입고 가슴에 금띠를 띠고

그의 머리와 털의 희기가 흰 양털 같고 눈 같으며 그의 눈은 불꽃 같고

그의 발은 풀무불에 단련한 빛난 주석 같고 그의 음성은 많은 물 소리와 같으며

그의 오른손에 일곱 별이 있고 그의 입에서 좌우에 날선 검이 나오고 그 얼굴은 해가 힘있게 비치는 것 같더라 [확대성경 "그의 얼굴은 정오에 최대의 힘으로 빛나는 해 같았다"]]

내가 볼 때에 그의 발 앞에 엎드러져 죽은 자 같이 되매 그가 오른손을 내게 얹고 이르시되 두려워하지 말라 나는 처음이요 마지막이니

곧 살아 있는 자라 내가 전에 죽었었노라 볼지어다 이제 세세토록 살아 있어 사망과 음부의 열쇠를 가졌노니

(계 1:9-18)

바로 그분이 우리가 천국에서 뵈올 예수님이시다. 바로 그분이 우리가 영원히 바라볼 우주의 왕이시다! 그분은 비할 데 없는 위엄의 하나님이시며 모든 천사들과 천군이 다 그분을 영광스럽게 옹위하고 있다!

그 생물의 머리 위에는 수정 같은 궁창의 형상이 있어 보기에 두려운데 그들의 머리 위에 펼쳐져 있고

그 궁창 밑에 생물들의 날개가 서로 향하여 펴 있는데 이 생물은 두 날개로 몸을 가렸고 저 생물도 두 날개로 몸을 가렸더라

생물들이 갈 때에 내가 그 날개 소리를 들으니 많은 물 소리와도 같으며 전능자의 음성과도 같으며 떠드는 소리 곧 군대의 소리와도 같더니 그 생물이 설 때에 그 날개를 내렸더라

그 머리 위에 있는 궁창 위에서부터 음성이 나더라 그 생물이 설 때에 그 날개를 내렸더라

그 머리 위에 있는 궁창 위에 보좌의 형상이 있는데 그 모양이 남보석 같고 그 보좌의 형상 위에 한 형상이 있어 사람의 모양 같더라

내가 보니 그 허리 위의 모양은 단 쇠 같아서 그 속과 주위가 불 같고 내가
보니 그 허리 아래의 모양도 불 같아서 사방으로 광채가 나며
그 사방 광채의 모양은 비 오는 날 구름에 있는 무지개 같으니 이는 여호와의
영광의 형상의 모양이라 내가 보고 엎드려 말씀하시는 이의 음성을 들으니라

(겔 2:22-28)

그것이 얼마나 놀라운 날이 될까! 에스겔은 아름다운 사파이어 보좌에 앉으신 여호와를 보았다. 하나님의 보좌가 있는 방의 넓은 황금 바닥 위로 무지개 색깔이 빛났다. 또 요한은 영광의 하나님을 또 보았는데, 그 모습이 벽옥 같았고 보좌 주위로 에메랄드 무지개가 둘러 있었다(계 4:2-3 참조).

과연 그날이 다가오고 있고 지체되지 않을 것이다. 지금은 우리가 유리를 통해 보듯이 어렴풋이 보고, 무한하신 구주와의 관계나 계시가 우리의 정신적 한계로 제한된다.

그러나 우리가 곧 그분을 대면하며 그분의 광채를 볼 것이다. 우리의 불결한 몸이 그분의 영광스러운 몸처럼 만들어질 것이다. 우리는 공중으로 끌려 올라갈 것이다. 우리와 그분의 교제는 다시는 제한되지 않을 것이다. 우리는 만왕의 왕, 만주의 주를 단절 없고, 방해 없고, 멈춤 없고, 훼방 없는 친교로 영원히 모실 것이다!

그날에 시선을 고정하라. 그 영원을 위해 당신의 삶을 살라. 이 땅은 당신의 집이 아님을 기억하라. 진짜는 천국이다!

어서 오시옵소서

마지막으로 선교사 H. C. 모리슨의 삶의 중요한 한순간을 생각해

보자. 힘들었던 선교 일정 후, 그는 테디 루즈벨트 대통령과 같은 배를 타고 돌아오고 있었다. 대통령은 아프리카 사파리를 마친 후였다.

배가 항구에 들어갈 때, 수천 명의 열광적인 지지자들이 환호성을 지르며 대형 현수막을 들고 개인적 휴양 후 귀국하는 대통령을 환영했다.

풀이 죽은 H. C. 모리슨은 그를 마중 나온 사람이 단 한 명도 없다는 데 주목했다. 지치고 외로운 모리슨은 조용히 서있었다. 그가 주님께 말씀드렸다. "하나님, 제가 당신을 섬기며 예수님을 있는 힘껏 전파했어요. 저는 뜨거운 사막에도 있었고 많은 고초를 겪었어요. 잠을 못 자기도 하고 굶기도 했어요. 저는 지쳤어요. 그런데 단 한 사람도 저를 마중 나오지 않았어요. 아무도 제가 집에 온 걸 환영해 주지 않아요."

그 순간에 그는 주님의 음성을 분명히 들었다고 회고한다. "그러나 아들아, 너는 아직 집에 오지 않았다."

최고는 앞에 있다는 것을 기억하라. 당신도 아직 집에 돌아가지 않았다. 천국의 보상과 약속은 확실하다.

주 예수여 어서 오시옵소서!

천국에서 우리의 외모

이본느: 나에게는 남동생이 있었는데 태어난 지 11시간 만에 죽었고, 그때 나는 겨우 세 살이었다. 그때 나는 너무 어렸고 남동생을 본 적이 없어서 남동생이 어떤 모습일지 그 이후로 생각해 본 적이 별로 없었다.

아버지가 비교적 젊은 나이인 67세에 돌아가셨을 때 이상한 일이 일어났다. 나는 병원에서 나와 차를 타고 가는 중이었다. 나는 하나님께 위로를 간구하며 부르짖었고 놀라운 환상을 보았다.

나는 아버지가 천국에 도착해서 지인들로 보이는 사람들에게로 걸어가는 것을 봤다. 그들은 아버지의 부모님, 조부모님, 앞서 간 일가친척 같았다. 그때 갑자기 한 젊은이가 앞으로 나와 아버지의 손을 잡았다. 그는 아버지에게 자신이 누구인지 아느냐고 물었고 아버지는 모른다고 했다. 젊은이는 자기가 아들이라고 말했다. 그들은 서로 따뜻이 포옹했다.

나의 환상 속에서 아기였던 남동생은 천국에서 자라 있었다. 남동생이 죽은 지 40년이 되었지만, 내 환상 속에서는 30세 전후로 보였다.

아버지가 돌아가실 때 나는 본 적도 없는 남동생 생각은 전혀 하지 않고 있었다. 그러나 하나님의 인자하심으로 아버지에게 일어난 일을 나도 공유하게 해주셨다! 나의 친구가 "천국의 사람들은 '30세 정도'로 보인다"고 말했을 때, 나는 동의했다. 왜냐하면 그 환상 속에서 남동생이 그렇게 보였기 때문이다.

진: 하나님께서 아버지를 92세의 연세에 매우 평화롭게 데려가신 것을 나는 감사하고 있었다. 아버지가 돌아가신 지 두 주가 되었을 때, 나는 기도하면서 매우 개인적인 분이셨던 아버지께서 천국에 잘 계신지 궁금해 했다. 나는 성령에 사로잡혀 있을 때 아버지를 보았다. 아버지는 검은 머리의 젊은이였다. 아버지는 천국에 계셨고 30대였다. 아버지가 돌아가실 때는 백발이었다. 그런데 이제는 너무나 다른 모습으로 나타나셨다. 그것은 아버지가 주님과 함께 계신다는 것을 의미했다.

비키 린: 천국에 대한 설교 중에, 주님께서 내가 4년 전에 유산한 여자아이가 천국에 있는 환상을 보여주셨다. 딸은 어깨 길이의 갈색 머리와 초록색 눈동자를 가지고 있었다. 아이는 다른 어린이들과 함께 밀밭 같은 황금 들판에서 웃고 달리며 놀고 있었다. 아이는 여동생 린지와 닮았다. 린지는 지금 다섯 살이다. 그러나 내가 그 환상을 보았을 때는 린지가 태어나기 전이었다!

클레어: 내가 낙태 경험자를 위한 성경공부반에 다니고 있을 때였다. 인도자가 우리에게 권유했다. 낙태된 아이의 환상을 보여 달라고 하나님께 구하고, 그 아이들에게 이름을 지어줘서 우리 자신의 치유와 해방을 촉진시키라는 것이었다. 나는 18년 전에 낙태한 아기가 아들이라고 항상 느꼈기 때문에 '브라이언'이라고 이름을 붙였다.

그날 저녁에 내가 하나님께 나아가고 있을 때, 성령께서 이사야 54장 13절을 기억나게 하셨다. 내가 읽은 구절은 이렇다. "네 모든 자녀는 여호와의 교훈을 받을 것이니 네 자녀에게는 큰 평안이 있을 것이며." 내가 그 확증에 대해 감사의 눈물을 흘리고 있을 때, 나는 키가 큰 짙은 머리색의 젊은이가 예수님의 가르침을 듣고 있는 것을 내 영으로 잠시 보았다. 그래서 이제 나의 회한은 기쁨으로 바뀌었다. 하나님께서 하신 일을 알게 되었기 때문이다.

루비: 우리가 함께 성경공부 중일 때 우리의 절친한 친구가 죽었다는 연락이 왔다. 나를 제외한 다른 모든 여성들은 울기 시작했다! 나는 울 수 없었다. 왜냐하면 그녀가 아름다운 푸른 동산을 달려 올라가는 것을 보았기 때문이다. 그녀는 스무 살 때처럼 보였고 피부가 완벽했다. 암 치료로 머리카락이 다 빠졌었는데 이제는 길고 굽이쳐 흐르며 윤기가 나는 검은 머리카락을 가지고 있었다. 그녀는 생기가 넘치며 웃고 있었다. 나는 그녀가 말하는 것을 들었다. "나는 자유해, 나는 자유해!" 그러면서 그녀는 달리고 또 달렸다. 그녀는 주님을 만나러 달려가고 있었다!

찰스: 나의 아버지는 1991년에 암으로 돌아가셨다. 아버지는 완전히 백발이셨고, 당뇨로 눈이 잘 안 보이셨으며, 화학치료 때문에 몸이 퉁퉁 부어 계셨다. 아버지는 돌아가시기 세 시간 전에 예수님께 마음을 드렸다. 그때 아버지는 평화롭다고 말씀하셨다.

약 일주일 후에, 나는 두 꿈을 이틀 연속으로 꾸었다. 그 꿈들에서, 나의 아버지는 약 40세의 연세에 완벽한 건강을 가진 것으로 보였다. 머리카락은 전처럼 갈색이었고, 날씬하고 단정하셨으며, 안경을 쓰지 않으셨고 쓸 필요도 없으셨다….

두 번째 꿈에서 아버지는 신록이 우거진 숲의 골짜기에서 길을 내려오고 계셨다. 아버지는 건강의 전형이었다. 아버지는 자신을 환영하는 사람들을 만나러 가고 계셨다. 내가 모르는 사람들도 있었지만, 전에 죽은 일가친척들도 있었다….

맥신: 숙부가 돌아가셨을 때, 나는 장례식에 참석하지 못했고, 그래서 매우 죄송하게 느꼈다. 장례식이 있던 저녁에 나는 찬양 예배에 참석하고 있었다. 내가 영으로 예배하고 있을 때, 하나님께서 커트 숙부가 천국에서 달리며 펄쩍 뛰시는 것을 보여주셨다. 숙부는 너무나 행복하고 젊어 보였다. 그것은 관 속에 누운 숙부를 보는 것보다 훨씬 더 나았다. 나는 그 환상에 대해 하나님께 감사한다….

진: 나의 아버지는 93년의 생애 대부분을 즐겁게 보내셨다. 대부분의 세월 동안 교회를 다니셨지만, 나는 아버지가 매우 개인적인 분이시라서, 아버지가 구원받아 주님과 함께 계신지 아버지의 죽음 후에 궁금했다.

어느 날 내가 영으로 기도할 때, 하나님께서 내게 초자연적인 것을 보여주셨다. 나는 천국에 계신 아버지를 보았다! 그는 35~40세의 젊은이로 나타나 보였다. 그는 검은색에 가까운 짙은 머리카락이었다. 아버지가 돌아가실 때는 완전히 백발이었다. 그래서 나는 아버지가 주님과 함께 계시며 하늘의 집에서 즐겁게 지내신다고 확신하게 되었다!

조이: 나의 사위 스티브가 주님 곁으로 가기 얼마 전에 사위와 딸이 무릎 꿇고 기도하다가 딸이 사위를 보았다. 딸이 볼 때 사위는 얼굴에서 광채가 나며 아름다웠다.

후에 스티브가 그의 할머니에게 말했다. 그날 그가 기도하고 있을 때 아름다운 곳에 갔다 왔다고 말했다. 그곳은 온통 빛이었고 그는 그곳에 머물고 싶었다. 그러나 그곳의 사람들이 그에게 말했다. "아직은 아니야.

돌아가야 해."

일주일 후에 스티브는 일하다 사고로 죽었다. 그 전날 밤에 스티브는 한 사람을 주님께로 인도하고 세례를 받게 했었다….

메이: 나의 아버지는 돌아가시기 몇 년 전부터 휠체어에 앉아 계셨다. 한 다리를 잃으셨고 다른 한 다리도 성치 못했다. 눈을 잘 못 보셨고 귀는 거의 들리지 않았다. 당뇨, 고혈압, 심장 문제가 있으셨다. 아버지는 평생 그리스도인이셨고, 주님을 사랑하고 교회에 나가도록 우리를 양육하셨다.

아버지가 돌아가신 지 며칠 후의 밤에 나는 꿈을 꾸었다. 나는 아버지가 아름다운 푸른 동산에 서있는 것을 보았다. 건강한 모습으로 행복하게 웃고 계셨다. 그 주에 내 여동생도 같은 꿈을 꾸었다!

우리는 더 이상 아버지 때문에 슬퍼하지 않았고, 아버지의 죽음에 대하여 평화와 위로가 가득했다.

테레사: 나는 임신 7개월에 여자아이를 잃었다. 나는 그 아이가 하나님 손에 있는지 알려달라고 간구했다. 약 5년 후, 찬양 중에, 나는 하나님의 임재 안에 들어갔고, 나의 어린 딸이 예수님과 함께 있는 것을 보았다. 아이는 짙은 색의 긴 머리를 하고 있었다. 아이는 잘 돌봄을 받고 있으니 걱정하거나 염려하지 말라고 했다. 아이는 나를 사랑하며 천국에서 나를 기다리겠노라고 말했다. 큰 평화와 만족이 내게 임했다. 예수님께서 내게 몇 마디 말씀하셨고 나는 그 동안의 상처를 털어버렸다. 이제 나는 아이를 잃은 상실감을 해결하게 되었다. 나는 천국에서 딸을 만나게 될 것임을 안다.

샌디: 나는 셋째 아이를 임신 중이었다. 임신 기간이 순탄치 못했다.

앞으로 출산까지 4주를 남긴 시점이었다.

　어느 날 한밤중에 갑자기 나는 잠을 깼다. 나는 번개에 맞기라도 한 것처럼 침대에 일어나 앉았다. 내 주변에서 뭔가 소동이 일어나고 있었다. 나는 두 천사가 내 양쪽에 있는 것을 보았다. 그 다음에 나는 나의 아들 아기를 보았다. 아기가 일어나서 나로부터 나가는 것 같았고, 천사들이 양쪽에서 아기를 붙잡고 데려갔다. 부드러운 은색 빛의 광채 속에서 그들은 곧 위로 올라가 천장이 없는 것처럼 천장을 뚫고 위로 사라졌다.

　나는 거기 앉은 채 평화로우면서도 멍했다. 나는 방금 목격한 광경을 이해하려 애썼다. 나는 다음날 병원에 가서 내가 본 것을 확인받았다. 나의 아들이 그날 밤에 죽었던 것이다.

　가족들은 정말로 슬퍼했지만, 나는 희망이 없는 사람처럼 슬퍼할 수 없었다. 나의 아들은 아버지 집에 있고, 나는 언젠가 그를 볼 것이며, 장녀 크리스티도 곧 볼 것이다.

리사: [아가씨였을 때의 임사 체험] 나는 기억한다. 이곳을 엄청난 속도로 떠나 우주 공간을 통과하면서 별들로 보이는 밝은 광채들을 지나갔다. 나는 빛을 보았고, 천국으로 가고 있으며 하나님을 뵈올 것이라는 것을 알았다. 그것을 묘사할 유일한 방법은 큰 기쁨과 평화라는 것이다. 그러나 특히 기쁨이 강렬했다…그리고 나서 내 몸에 생명이 돌아오기 시작함에 따라, 나는 갈빗대 사이로 공기가 밀려드는 것을 느꼈다….

한 목사: 꿈 속에서 [목회자였던 나의 친구가] 그의 수고로 받은 면류관을 내게 보여주었다. 그는 내게 목회를 계속하고, 시련과 분주함 속에서도 굳건히 서라고 격려했다. 그의 정확한 말은 "그럴 가치가 있어"였다.

나는 기쁨의 눈물을 흘리며 일어났다.

루비: 어머니가 돌아가시기 얼마 전에 주님께서 내게 환상을 보여주셨다. 사랑하는 이들이 모여 기차역 같은 곳에서 나의 어머니가 도착하길 기다리며 환영 파티를 준비하고 있었다. 내가 아는 사람들이 많았다. 아버지, 나의 딸 팻시. 딸은 24세에 암으로 죽었다. 나의 시어머니, 그 외에도 많은 사람들이었다. 그들은 어머니가 도착할 것을 알고 환영할 준비를 하고 있었다. 주님께서 내게 말씀해 주셨다. 하나님께서 천국에 있는 모든 사랑하는 이들에게 메시지를 주셔서 누가 언제 거기 오는지 알려주시면 그들이 잔치를 준비한다. 모든 하나님의 자녀가 천국에 갈 때 그렇게 환영 파티가 있다!

폴린: 내가 일리노이 주의 한 여성 수련회에서 강사로 메시지를 전할 때 꿈을 꾸었다. 나는 빈 방에 있었다. 잔인하게 살해되었던 나의 아들 찰스가 갑자기 나타났다. 그는 벽을 뚫고 들어와서 바닥과 천장 사이에 떠 있었다. 아들이 너무나 천상의 아름다움으로 빛나고 있어서 나는 아무 말도 못 하고 숨도 못 쉬었다. 아들은 손을 내밀었고, 얼굴은 기쁨으로 빛나고 있었다. 순식간에 아들이 사라졌고 나는 잠에서 깨어…위로를 받았다.

마이크: 어느 4월 아침에 나는 찬양을 들으려고 테이프를 넣고 헤드폰을 썼다. 약 10분 후에, 나의 존재 전체가 매우 가벼워졌고, 나의 영이 내 몸 밖으로 떠오르기 시작했다. 처음에 나는 이상해서 떠나기를 주저했다. 내가 떠나고 보니 내 몸이 얼마나 이상하게 보였는지 지금도 기억한다.

곧 나는 엄청난 무리 중에 있었다. 내가 설명할 수 없는 굉장한 잔치였다. 주변에 사랑이 가득 흘렀고, 모두가 노래하고, 찬양하고, 춤추고, 연주했다. 기쁨이 너무 커서 나는 일종의 엑스타시에 빠졌다. 거기서 영원을 보내더라도 더 바랄 것이 없었다. 말할 수 없는 기쁨이 충만한 채, 나는 거기 있는 사람들을 살펴보았다. 그때 나는 에밀리[친구의 딸]를 보았다. 어쩌면 에밀리가 나를 먼저 보았을 것이다. 어쨌든 우리는 서로를 보았다. 그녀는 표현할 수 없을 정도로 아름다웠다. 그녀는 스물다섯 살 정도로 보였지만, 어떤 스물다섯 살도 갖지 못한 사랑스러운 깊이와 성숙함을 가지고 있었다. 그녀는 흘러내리며 윤기 나는 머리카락과 평화롭고 사랑이 담긴 눈을 가지고 있었다. 그 눈을 볼 때, 사랑이 보였고, 그것이 나를 강타했다. 나는 즉시 울기 시작했다. 아기처럼 엉엉 운 것은 아니었지만, 감동을 주체할 수 없었다. 그녀는 나에게 미소 지으며 손을 들어 모두가 주목하는 방향을 가리켰다. 그녀는 예수 그리스도를 가리키고 있었다….

매들린: 우리[주님과 나]는 아름다운 들판을 걸어가기 시작했다. 풀이 두꺼운 카펫 같았다. 아름다운 꽃들과 나무들이 있었다. 시든 풀이나, 시든 꽃이나, 시든 잎은 단 하나도 없었다….

구름 같이 허다한 하늘의 증인들

맥신: 나의 할머니는 주님을 정말 사랑하셨다. 할머니는 항상 주님을 찬양하며 다른 사람들에게 예수님에 대해 말씀하셨다. 할머니가 돌아가신 오랜 후에, 나는 어느 날 저녁에 찬양 예배 중에 할머니에 대한 환상을 보았다. 내가 땅에서 하고 있듯이 할머니가 천국에서 하나님을 찬양하며 춤추고 계셨다. 그리고 할머니가 내게 말씀하셨다. "잘하고 있구나! 네가

그렇게 하는 게 나는 좋아. 그러니 계속하렴!"

페이지: 심각한 감염으로 쌍둥이를 유산한 후, 나는 다시 아이를 갖지 못할 것이라는 판정을 받았다. 치유를 위한 기도와 예언적 말씀을 받은 후에 남편이 격려해 주었고 우리는 큰 기쁨 중에 다시 임신했다. 그런데 그 전과 거의 같은 임신 기간 후에 같은 문제가 재발했고 쌍둥이를 낳기 위한 전투가 시작되었다. 그러나 우리의 의지는 확고했다…나의 남편 랄프는 항상 영적 전투를 했고, 나는 정서적, 신체적 전투를 했다. 거기에는 5개월간 침대 생활을 하는 것도 포함되었다. 하나님의 은혜로 우리는 작지만 건강한 두 딸을 8주 이르게 분만했다.

출산 후에는 잠을 별로 자지 않았지만, 어느 날 오후에 나는 쌍둥이가 잘 때 같이 누웠다. 환상 속에서 나는 아버지의 품에 의지해 꽃밭을 거닐고 있었다. 아버지의 음성과 존재가 분명했다. 그것은 특별했다. 나의 아버지는 내가 열여덟 살 때 주님 곁으로 가셨었기 때문이다. 내가 임신 기간에 믿음을 지켜서 자랑스럽다고 아버지는 말씀하셨다. 그리고 그로 인한 하늘의 상급이 딸들을 갖는 축복을 훨씬 능가한다고 말씀하셨다. 그러고 나서 아버지는 히브리서 12장 1-2절을 내게 말씀하셨다.

"이러므로 우리에게 구름 같이 둘러싼 허다한 증인들이 있으니 모든 무거운 것과 얽매이기 쉬운 죄를 벗어 버리고 인내로써 우리 앞에 당한 경주를 하며 믿음의 주요 또 온전하게 하시는 이인 예수를 바라보자."

그 환상은 곧 사라졌고, 나는 랄프와 엄마를 당장 불렀다. 그때까지도 나는 여전히 그것이 너무 생생해서 떨고 있었다.

후에 나는 기도했다. "주님, 저는 정말 모르겠어요…왜 주님께서 그냥 제게 그것을 말씀해 주지 않으셨어요?" 그러자 나의 내면에서 즉시 분명한 응답이 들렸다. "너의 아버지가 네게 말해 주면 훨씬 더 의미가 클 것이기 때문이야."

생각하건대 현재의 고난은 장차 우리에게 나타날 영광과 비교할 수 없도다
피조물이 고대하는 바는 하나님의 아들들이 나타나는 것이니
피조물이 허무한 데 굴복하는 것은 자기 뜻이 아니요 오직 굴복하게 하시는 이로 말미암음이라
그 바라는 것은 피조물도 썩어짐의 종 노릇 한 데서 해방되어 하나님의 자녀들의 영광의 자유에 이르는 것이니라
피조물이 다 이제까지 함께 탄식하며 함께 고통을 겪고 있는 것을 우리가 아느니라
그뿐 아니라 또한 우리 곧 성령의 처음 익은 열매를 받은 우리까지도 속으로 탄식하여 양자 될 것 곧 우리 몸의 속량을 기다리느니라
우리가 소망으로 구원을 얻었으매 보이는 소망이 소망이 아니니 보는 것을 누가 바라리요
만일 우리가 보지 못하는 것을 바라면 참음으로 기다릴지니라

(롬 8:18-25)

생생히 다가오는 천국

지은이 팀 쉬츠
펴낸이 김혜자
옮긴이 김주성

1판 1쇄 펴냄 2012년 6월 4일

등록번호 제16-2825호 | 등록일자 2002년 10월
발행처 다윗의장막 | 주소 서울시 강남구 대치2동 982-10
전화 02) 3452-0442 | 팩스 02)3452-4744
www.ydfc.com
www.tofdavid.com

값 12,000원
ISBN 978-89-92358-76-7 03230

* 잘못된 책은 바꿔 드립니다.

다윗의장막미디어는 영적 부흥과 영혼의 추수를 위해 책, CD, Tape, 영상물들의 매체를 통해 하나님 나라가 가정, 사업, 정부, 교육, 미디어, 예술, 교회로 확장되는 비전으로 나아가고 있습니다.